Jörg Adrian Huber

WIR vom Jahrgang 1948

Kindheit und Jugend

Wartberg Verlag

Impressum

Bildnachweis:

Privatarchiv Jörg Adrian Huber: S. 5, 15 u., 16 o., 18, 21, 22, 26, 29 o./u., 30, 31 u., 32, 33 l., 34, 35 o./u., 36 o./u., 40, 48, 49, 51 o./u., 55, 56 u., 59, 61 o./u., 62, 63; Staatsarchiv Hamburg: S. 6, 17, 20 o.; Foto Lambertin, Köln: S. 8, 20 u.; Gertraud Daschke, Polheim: S. 13; 50er-Jahre-Museum Büdingen: S. 14, 15 o.; Hildegard Spitzer, Kassel: S. 16 u.; Archiv Eugen Sauter: S. 23; Adelgunde Kilian, Wäschenbeuren: S. 27; Heinz Müller, Troisdorf: S. 28; Archiv Gustav Hildebrand: S. 31 o., 33 r., 53; Sächsische Landesbibliothek, Abteilung Deutsche Fotothek: S. 38 (Abraham Pisarek); Karl-May-Archiv Göttingen: S. 39; Archiv Klaus Meier-Ude: S. 45; Klaus Dilling, Immenhausen: S. 52; Walter Schulz, Köln: S. 54; Uwe Schmidt, Schwalmstadt: S. 56 o.; Josef König, Löhnberg-Selters: S. 58;
(c) dpa – Fotoreport: S. 7, picture alliance/akg: S. 10, (c) dpa – Bildarchiv: S. 19;
ullstein bild – Archiv Gerstenberg: S. 9, ullstein bild – TopFoto: S. 11 l., ullstein bild – Sven Simon: S. 11 r., 24, ullstein bild – Leber: S. 41, ullstein bild – Gert Kreutschmann: S. 42; ullstein bild – dpa: S. 43, ullstein bild – Pressefoto Kindermann: S. 60.

Wir danken allen Lizenzträgern für die freundliche Abdruckgenehmigung.
In Fällen, in denen es nicht gelang, Rechtsinhaber an Abbildungen zu ermitteln, bleiben Honoraransprüche gewahrt.

11., überarbeitete Neuauflage 2017

Gestaltung und Satz: r2 | Ravenstein, Verden
Druck: Druck- und Verlagshaus Thiele & Schwarz GmbH, Kassel
Buchbinderische Verarbeitung: Buchbinderei S. R. Büge, Celle

34281 Gudensberg-Gleichen • Im Wiesental 1
Telefon: 056 03/9 30 50 • www.wartberg-verlag.de
ISBN: 978-3-8313-3048-5

Liebe 48er!

Es mag sich paradox anhören, aber die „48er" waren auch die „68er". Die kritische und ungeduldige Jugend des Jahres 1968 bestand zu einem großen Teil aus Angehörigen des Geburtsjahrgangs 1948. Was hat dieser Jahrgang, einer der größten nach dem Zweiten Weltkrieg, nicht alles mitgemacht! Keinen Krieg zwar (Gott sei Dank!), aber wilde und wechselvolle Zeiten, in denen viel Altes – mit Verspätung – auf den Müllhaufen der Geschichte geworfen und viel Neues ausgebrütet wurde, das, mit gewissen Ausnahmen, heute auch schon wieder ad acta gelegt ist.

Wir waren die Milchpulver-Generation, die Trümmerkinder und die Coca-Cola-Kinder, wir waren die Ersten, die die Handlungsanweisungen für ihr junges Leben nicht mehr aus Kinderbüchern, sondern aus einer bläulich flimmernden Glotze auf dem Familienaltar in der guten Stube empfingen, wir hatten Schule im Schichtunterricht in Klassen mit über 50 Schülern und wir wurden zu Hause mit den vollen Kühlschränken des Wirtschaftswunders dafür entschädigt.

Wir tanzten als „Halbstarke" Rock 'n' Roll und Twist, verkleideten uns erst mit Lederjacken und Pettycoats und später, konsumfeindlich wie wir waren, als Grottenolme mit langen Bärten und Kopfhaaren, selbst gestrickten Pullovern und Parkas, wir demonstrierten gegen Vietnamkrieg und Notstandsgesetze. Wir waren die „48er"!

Einer der stärksten deutschen Jahrgänge sind wir heute noch, aber wir sind ruhiger geworden auf dem „langen Marsch durch die Institutionen". Wir freuen uns an unseren Kindern und den ersten Enkeln, haben in unseren Beziehungen längst die Gleichberechtigung eingeführt, um die unsere Frauen damals noch vergeblich kämpften, schützen die Umwelt und die Meinungsfreiheit und wollen in Frieden genießen, was wir zu einem guten Teil mit aufgebaut haben in diesem Land, an dessen Wiedervereinigung wir schon nicht mehr geglaubt hatten. Wir, die „48er" – ein Jahrhundertjahrgang!

Jörg Adrian Huber

Trümmerfrauen, Fremdarbeiter und dazwischen wir

Die „Achtundvierziger" – ein (geburten)starker Jahrgang

Den Kinderwagen hatte die Mutter noch auf dem Schwarzmarkt organisiert – alle Zigaretten, derer sie seit dem Bekanntwerden ihrer Schwangerschaft habhaft werden konnte, hatte sie gebunkert und dann für das wulstige Monstrum geopfert: Ein kugelgelagertes Gefährt aus Vorkriegsproduktion mit Rubensschen Formen und einer Außenhülle aus weißlackiertem Peddigrohr.

Inzwischen hatte die Währungsreform den halbverhungerten Normalverbrauchern das neue Geld beschert und damit dem Schwarzmarkt den Garaus gemacht – doch von den paar Mark hätte sie sicherlich keinen der nun die Schaufenster zierenden Kinderwagen aus der ersten Nachkriegsproduktion erschwingen können. Nun kam also ich, um meinen ersten fahrbaren Untersatz, angetrieben von einem MS (einer Mutterstärke) in Besitz zu nehmen:

Chronik

2. Januar 1948
In Nürnberg beginnt der Prozess gegen 13 Generäle der ehemaligen Wehrmacht vor dem Internationalen Militärtribunal.

31. März 1948
Der amerikanische Kongress und das Repräsentantenhaus beschließen, Deutschland Leistungen aus dem Marshall-Plan in Höhe von fünf Mrd. US-Dollar zu gewähren.

24. Juni 1948
Die Sowjetunion unterbricht den Eisenbahn- und Pkw-Verkehr zwischen Berlin und den drei westlichen Besatzungszonen – die Luftbrücke zur Versorgung der Berliner Bevölkerung ist die Folge.

20. Juni 1948
Währungsreform: In den drei westlichen Besatzungszonen wird mit der Ausgabe der DM begonnen. Das alte Geld wird eingesammelt und vernichtet.

28. Februar 1949
Die ersten 600 jüdischen Lagerinsassen des ehemaligen Konzentrationslagers Bergen-Belsen machen sich auf den Weg nach Israel. Bis Ende September sollen 7000 weitere Auswanderer folgen.

8. April 1949
Durch Beschluss der Außenminister der drei Westmächte wird die (amerikanische und britische) Bizone durch Fusion mit der französischen zur Trizone, einer Vorstufe der späteren Bundesrepublik, erweitert.

8. Mai 1949
In Bonn nimmt der Parlamentarische Rat mit 53 gegen 12 Stimmen den Grundgesetzentwurf für einen westdeutschen Staat an.

März 1950
Fast 200 000 Menschen flüchten aus der DDR in den Westen. Die Bundesregierung ist dem Zustrom nicht mehr gewachsen und erschwert die Einwanderung.

1. Mai 1950
In der Bundesrepublik Deutschland wird die Lebensmittelrationierung aufgehoben.

25. Juni 1950
Mit dem Überfall nordkoreanischer Truppen auf den Südteil des Landes beginnt der Koreakrieg.

Kinderwagen-Ungetüm der Nachkriegszeit mit „Inhalt" Jahrgang 1948

Auch ich eine Nachkriegsproduktion, Teil einer Serie mit besonders hoher Auflage. Der 48er-Jahrgang zieht sich noch immer wie eine fette Lehmschicht durch die deutschen Jahrgangsstatistiken, übertroffen seitdem nur noch durch den 49er-Jahrgang.

Beide, die 48er und die 49er rollten wie eine Flutwelle auf die gerade erst wieder notdürftig reanimierten Kindergärten, Schulen und Hochschulen und schließlich auf die Arbeitswelt zu, brachten erprobte Abläufe zum Erliegen, stifteten Chaos, wo sie auch hinkamen und schickten sich zwanzig Jahre später an, die gesamte Gesellschaft, die sich soeben erst wieder mühsam als solche etabliert hatte, auf den Müllhaufen der Geschichte zu werfen.

Kellerkinder

Sechs Millionen Deutsche waren nach Kriegsende bombengeschädigt oder, wie es im Volksmund hieß, „ausgebombt". Fast die Hälfte aller Wohnungen in Deutschland war bei Kriegsende zerstört. Noch 1948 kamen statistisch betrachtet 1,37 Menschen auf einen Wohnraum. Tausende lebten in „Nissenhütten" – Wellblechbaracken, die in England erfunden worden waren und in denen es im Sommer viel zu heiß und im Winter viel zu kalt war. Andere wurden notdürftig in öffentlichen Gebäuden untergebracht oder zogen in die intakt gebliebenen Kellergeschosse der Häuserruinen. Hier war es feucht, kalt und unwirtlich. Ein Kanonenofen sorgte im Winter für die überlebensnotwendige Wärme. Ebenso wie der Kartoffelklau ging auch der Holzklau um: Die Menschen stahlen alles Brennbare, um es in ihre Öfen zu stopfen. Nicht selten diente in der Anfangszeit offenes Feuer in den Ruinen als Kochgelegenheit und Wärmequelle.

Besonders abenteuerlich, aber auch gefährlich lebten diejenigen, die sich in den oberen Stockwerken stehen gebliebener Gebäudereste einquartiert und die Mauerlöcher mit Brettern abgedichtet hatten: Nicht selten fielen diese Ruinen in sich zusammen und rissen ganze Familien in den Tod.

Kinder in einer Siedlung von Wellblechbaracken – in den oft kinderreichen Familien der Nachkriegszeit musste der Nachwuchs sich selber hüten und schon früh kleine Pflichten übernehmen

„Trümmerfrauen" räumen Bombenschutt von den Straßen

Die vaterlose Gesellschaft

Unsere ersten Lebensjahre verbrachten wir in einer Frauengesellschaft: Frauen – und alte Männer – bestimmten das Alltagsbild. In den letzten Kriegsjahren hatten die Frauen die deutsche Gesellschaft zusammengehalten. Sie fuhren die Straßenbahnen, sogar die Züge, sie löschten Brände, sie arbeiteten in den Fabriken neben den Zwangsarbeitern aus ganz Europa, sie räumten schließlich als „Trümmerfrauen" den Schutt der letzten Kriegsjahre weg.

Die Männer waren an der Front und viele kamen nie von dort zurück. Die Frauen mussten sich arrangieren, denn sie wollten weiterleben. Vor allem diejenigen, die Kinder zu ernähren hatten, waren oft nicht wählerisch bei dem Versuch, einen neuen Familienvater zu finden. Typisch für die Nachkriegsjahre: Die „Onkelehe", eine Partnerschaft ohne Trauschein, damit die Frau ihre Kriegerwitwenrente nicht einbüßte. Der neue Mann im Haus war eben der „Onkel".

Nie haben wir die traurige Begebenheit vergessen, die sich eines Tages in unserer Nachbarschaft abspielte: Ein Familienvater kam aus der sowjetischen Kriegsgefangenschaft zurück und klingelte voll freudiger Erwartung an der Wohnungstür seiner Ehefrau – doch die Tür wurde ihm von deren neuem Gefährten geöffnet.

Heimkehrer-Schicksale

Andere Heimkehrer hatten mehr Glück und konnten das alte Familienleben wieder aufnehmen. Doch viele waren aufgrund der Kriegserlebnisse depressiv geworden, wandten sich oft auch dem Alkohol zu, sodass so manche Ehe, die den Krieg überdauert hatte, in den ersten Nachkriegsjahren in die Brüche ging. Die letzten 450 deutschen Kriegsgefangenen aus der Sowjetunion trafen erst im Januar 1956 im Grenzort Herleshausen ein.

Die Menschen der Nachkriegszeit hatten ihn ständig im Ohr: Den leiernden Singsang des Rundfunksprechers, der Tag für Tag Hunderte von Suchmeldungen des Deutschen Roten Kreuzes verlas: „Josef Sattler, geboren 1912 in Halle an der Saale, zuletzt gesehen auf der Krim am 14.2.1944. Wer Angaben zu seinem Verbleib machen kann ..."

Mein Vater war 1944 in russische Kriegsgefangenschaft geraten und hatte nach Kriegsende noch zwei Jahre in Sibirien Eisenbahnschwellen geschleppt. 1947 kam er mehr tot als lebendig nach Hause. Dass er so krank geworden war – so paradox es sich anhört –, war sein Glück. Denn gesunde und kräftige Gefangene behielten die Russen oft bis in die 50er-Jahre, während sie sich der Arbeitsunfähigen schnell entledigten. Kaum waren die schlimmsten Hungerödeme zurückgegangen, wurde der Vater wie die meisten Heimkehrer, die Trümmer räumen oder sonstige niedere Arbeiten verrichten mussten, von den Besatzungstruppen zwangsverpflichtet – als „Bedman" in einer britischen Kaserne, der morgens die Betten der englischen

Hochzeit 1948 – Hunderttausende „trauten" sich in dieser Zeit. Nach den chaotischen Kriegsjahren war die Sehnsucht nach einem intakten und harmonischen Familienleben groß

Soldaten machen musste. Jeden Abend mussten immer noch seine Ödeme behandelt werden. Die Krankenschwester Ingeborg kümmerte sich darum. Meinen Vater pflegte sie offenbar besonders intensiv, denn noch im selben Jahr 1947 wurde sie schwanger. Von der kurz darauf angesetzten Hochzeit ist lediglich überliefert, dass der Festschmaus aus vom Munde abgesparten Lebensmittelkarten zusammengestückelt wurde.

Volldampf voraus mit dem „Marshall-Plan"

Was nützt die Umerziehung der Deutschen zu braven Demokraten, wenn die Wirtschaft brach liegt und die Sieger schließlich die Besiegten ernähren müssen? Diese Frage stellten sich spätestens 1947 die amerikanischen Wirtschaftsexperten. In der „Truman-Doktrin", die der amerikanische Präsident am 26. April 1947 verkündete, betonte er, dass die Vereinigten Staaten sich von nun an jeder weiteren Ausweitung des sowjetischen Einflusses in Europa und Asien entgegenstemmen würden. Und der amerikanische Staatssekretär George C. Marshall forderte kurz darauf, dass Europa eine wesentliche zusätzliche Hilfe erhalten müsse, wenn es nicht einer wirtschaftlichen, sozialen und politischen Verelendung schwersten Ausmaßes zum Opfer fallen solle.

Das im Anschluss daran aufgelegte European Recovery Programm (ERP), im allgemeinen Sprachgebrauch als „Marshall-Plan" bezeichnet, wurde oft als amerikanische Hilfeleistung aus humanitären Motiven missverstanden. In Wahrheit trug es wesentlich zur wirtschaftlichen Genesung der europäischen Volkswirtschaften bei, bewirkte aber indirekt auch einen Aufschwung der US-Wirtschaft. Denn nur ein wirtschaftlich intaktes

Mithilfe des Marshall-Plans wurde Europa wieder aufgebaut

Europa konnte als unerlässlicher Absatzmarkt für amerikanische Produkte dienen.

Bis 1952 pumpten die Amerikaner die für damalige Verhältnisse kaum vorstellbare Summe von 5,7 Milliarden DM in die Wirtschaften von „Good Old Europe". Wenn es sich dabei auch um später rückzahlbare Kredite handelte, so konnten doch für den Moment damit die notwendigen Einfuhren bezahlt und dringende Investitionen vorgenommen werden.

Hand in Hand mit der Währungsreform und der Aufhebung der Zwangsbewirtschaftung war der Marshallplan die Initialzündung für das deutsche Wirtschaftswunder.

Nach der Währungsreform waren die Schaufenster wieder voll und die Geschäfte lockten zum Einkauf

„Die Währung“

Die Währungsreform von 1948 wurde damals der Einfachheit halber nur „die Währung“ genannt. In einer Kaserne bei dem nordhessischen Dorf Rothwesten hatten die Amerikaner 20 deutsche Finanzexperten unter der Oberaufsicht eines amerikanischen Colonels mit Stacheldraht und Schießbefehl interniert, bis sie die Währungsreform ausgetüftelt hatten. Die „D-Mark“, zunächst nur Papiergeld, war inzwischen längst in den USA gedruckt und mit dem Dampfer nach Bremerhaven transportiert worden, wo das neue Geld unter scharfer Bewachung entladen und nach Frankfurt in die Keller der späteren Bundesbank gebracht wurde.

Leider verpasste ich „die Währung“ vom 21. Juni 1948 um fast genau zwei Monate, sodass meine Eltern für mich nicht in den Genuss des damals ausgezahlten „Kopfgeldes“ von DM 40 (später gab es noch einen Nachschlag von weiteren 20 DM) kamen. Für Embryos gab es keine Zuteilung.

Die Zeit der Lebensmittelkarten war jedoch vorbei. Alle Menschen waren gleich, denn jeder hatte 40 DM Startgeld für das große Monopoly namens Wirtschaftswunder bekommen, das sich bald anschließen sollte. Auf dem Papier waren sie alle gleich, doch in Wirklichkeit entmischte sich die Gesellschaft binnen weniger Wochen: Plötzlich strotzten die Haushaltswarengeschäfte, in deren Schaufenstern zuvor ein paar zu Salatsieben umgearbeitete Stahlhelme ihr kümmerliches Dasein gefristet hatten, von allen Geräten, die sich ein Hausfrauenherz erträumte. In den Lebensmittelläden tauchten Delikatessen aller Art auf und das zarte Pflänzchen der deutschen Nachkriegsmode spross in den Regalen der Textilgeschäfte.

Da waren die ersten 40 DM schnell ausgegeben und bei den Kaufleuten, die alles für den Tag X zurückgehalten hatten, ließen die neu gedruckten Banknoten die Registrierkassen überquellen. Schnell waren davon Grundstücke, Häuser und Lastwagen gekauft und die Startvorteile der neuen Kapitalisten wuchsen ins Uferlose.

Prominente Achtundvierziger

7. Jan. **Kenny Loggins**
(US-amerikanischer Musiker)

4. Feb. **Alice Cooper**
(US-amerikanischer Rockmusiker)

16. Jan. **Gregor Gysi**
(deutscher Politiker [SPD/PDS])

3. Feb. **Henning Mankell**
(schwedischer Theaterregisseur und Schriftsteller)

2. März **Rory Gallagher**
(irischer Gitarrist)

22. März **Andrew Lloyd Webber**
(britischer Musiker und Komponist)

26. März **Steven Tyler**
(US-amerikanischer Sänger [Aerosmith])

12. April **Joschka Fischer**
(deutscher Politiker [Bündnis 90/Die Grünen])

19. Mai **Grace Jones**
(jamaikanische Sängerin, Model und Schauspielerin)

25. Mai **Brian Eno**
(britischer Musiker [Roxy Music] und Produzent)

25. Mai **Klaus Meine**
(deutscher Sänger [„Scorpions"])

21. Juli **Cat Stevens**
(britisch-zypriotischer Musiker)

22. Juli **Otto Waalkes**
(deutscher Komiker)

24. Aug. **Jean Michel Jarre**
(französischer Synthesizer-Musiker)

26. Sep. **Olivia Newton-John**
(britisch-australische Sängerin, Schauspielerin)

8. Okt. **Johnny Ramone**
(US-amerikanischer Gitarrist [Punkband Ramones])

15. Okt. **Chris de Burgh**
(irischer Sänger und Komponist)

14. Nov. **Charles, Prince of Wales**
(britischer Thronfolger)

3. Dez. **Ozzy Osbourne**
(US-amerikanischer Musiker)

6. Dez. **Marius Müller-Westernhagen**
(deutscher Musiker und Schauspieler)

20. Dez. **Alan Parsons**
(britischer Musiker und Produzent)

27. Dez. **Gérard Depardieu**
(französischer Schauspieler)

31. Dez. **Donna Summer**
(US-amerikanische Musikerin)

Grace Jones

Otto Waalkes

Bergauf in kleinen Schritten

Auf in die „Fünfziger“!

Wir Deutschen waren damals ein Volk von Fußgängern und meist gingen wir an Bretterzäunen entlang. Es gab eine regelrechte Bretterzaunkultur, die wohl nur wegen ihrer Banalität keinen Eingang in die Kunst- und Kulturgeschichte gefunden hat: Überall galt es gefährliche Trümmergrundstücke gegen spielende Kinder zu sichern oder Baustellen vor „Organisierern“ zu schützen. Wo nämlich tagsüber sonnenverbrannte Männer mit nacktem Oberkörper Wannen mit Zement und große Stapel von Ziegeln auf wackeligen Holzleitern in die Höhe schufteten, da kamen bei Nacht gern andere Männer (oder sogar dieselben?) und schleppten die Baumaterialien wieder hinunter – sie „organisierten“ eben Material, so wie ihre Frauen irgendwo Stoffe zum Selberschneidern oder gebrauchte Kleidungsstücke „organisierten“, dies allerdings im Tausch

Chronik

18. Januar 1951
Im Frankfurter Turm-Palast wird der skandalträchtige deutsche Spielfilm „Die Sünderin“ mit Hildegard Knef und Gustav Fröhlich uraufgeführt.

12. Februar 1951
Der persische Schah Resa Pahlewi heiratet in Teheran die mütterlicherseits deutschstämmige Prinzessin Soraya Esfandiary.

18. April 1951
In Paris unterzeichnen die Außenminister der Bundesrepublik, Frankreichs und der Benelux-Staaten den Vertrag über die Montanunion.

12. Mai 1951
Die Bundesrepublik Deutschland wird voll berechtigtes Mitglied im Europarat.

17. Juni 1951
Die deutsche Fußballnationalmannschaft erleidet im Berliner Olympiastadion vor 90 000 Zuschauern mit 1:2 gegen die Türkei ihre erste Nachkriegsniederlage.

26. Mai 1952
Die DDR beginnt die 1381 km lange innerdeutsche Grenze abzuriegeln. Es wird eine 5 km tiefe Sperrzone angelegt, die nur mit Sondergenehmigung betreten werden darf.

24. Oktober 1952
Mit einer Arbeitslosenquote von nur noch 2,5 Prozent ist im Ruhrgebiet faktisch die Vollbeschäftigung erreicht.

1. November 1952
Amerikanische Kernphysiker zünden auf dem Eniwetok-Atoll im Pazifik die erste Wasserstoffbombe.

4. November 1952
Dwight D. Eisenhower wird nach zwanzig Jahren, in denen die Demokraten regierten, wieder der erste republikanische Präsident der USA.

2. Juni 1953
In der Londoner Westminster Abbey wird die nur 27-jährige Elisabeth II. zur Königin gekrönt.

17. Juni 1953
In Ostberlin weitet sich ein Arbeiterstreik zum DDR-weiten Volksaufstand gegen das SED-Regime aus. Er wird von Panzern der Roten Armee blutig niedergeschlagen.

Baustellen, Buden und Bretterzäune – in den 50er-Jahren ein gewohnter Anblick für die Passanten in deutschen Städten

gegen andere Wertgegenstände und nicht als strafbare Handlung.

Noch jahrelang hielten sich bei den Deutschen die Hamster-Mentalität der frühen Nachkriegszeit und das Jagdfieber der Schwarzmarktzeit. Man konnte alles gebrauchen, und was man nicht sofort gebrauchen konnte – Gummibänder, rostige Nägel und Schrauben, Tapetenreste oder Knöpfe, ja sogar gebrauchtes Einwickelpapier –, das verschwand in Spinden und Kommoden. Man weiß ja nie ... Müllprobleme gab es keine, denn es gab ja fast keinen Müll und selbst auf den geringfügigen Halden, auf die er geworfen wurde, stocherten noch Mitbürger herum, die das eine oder andere gebrauchen konnten.

Auch war die D-Mark zwar hart, aber knapp, und was man „organisieren“ konnte, belastete den Geldbeutel nicht. „Mein Portemonnaie ist aus Zwiebelleder“, war damals ein beliebter Scherz, „wenn ich hineinschaue, kommen mir die Tränen!“

Einer der zahllosen Kriegsinvaliden „mit einem appenen Bein“, wie mein kleiner Bruder sagte, wohnte in einem abgetrennten Zimmer der Wohnung unter uns. Er hatte keine Angehörigen und war arm wie eine Kirchenmaus. Seine Invalidenrente reichte gerade mal für eine Flasche „Herforder Pils“ am Samstagabend. Die Woche über trank „Kaal“ Schindler große Mengen „Muckefuck“, wie der Ersatzkaffee damals genannt wurde, und tunkte hart gewordene Brotreste hinein. Doch als die Zeit der Schnittmuster und Nähmaschinen kam, da kam auch die Zeit von „Kaal“: Vor dem Krieg hatte er in einer Nähmaschinenfabrik gearbeitet und dort große Mengen Maschinennadeln abgezweigt. Wenn so eine Nadel abbrach, dann war das für die emsig nähende Hausfrau der Fünfziger eine Katastrophe, denn neue Nadeln waren teuer, wenn sie denn für die nicht selten vorsintflutlichen Modelle, an denen damals geschuftet wurde, überhaupt noch verfügbar waren. „Kaal“ jedoch hatte jede Nadelgröße und -stärke vorrätig. Er bewahrte die begehrten Ersatzteile in fettgetränktem Pergamentpapier auf, damit sie nicht rosteten, und wenn er wieder mal eine seiner Kostbarkeiten herausrückte, dann war das eine Mettwurst, manchmal sogar eine Pulle Steinhäger wert.

Näharbeiten im Wohnzimmer

Viel Zeit verging mit der Suche nach Stoffen und Schnittmustern, denn meine Eltern hatten über Beziehungen die schon erwähnte Nähmaschine ergattert, mit der die Mutter nun Kleider für sich und uns Kinder schneiderte.

Wie ein Altar war eine solche Nähmaschine in vielen Haushalten der damaligen Zeit mitten im Wohnzimmer aufgebaut – aus schwarzlackiertem

Das Geld war knapp, vieles wurde selbst genäht

Zeitschriften und Hefte für
fleißige Heimschneiderinnen

Metall mit goldenem Firmenemblem und einem gusseisernen Unterbau mit Jugendstil-Elementen. Ein ebenfalls gusseisernes Trittbrett und ein Schwungrad gehörten noch dazu – Letzteres mit einem Lederriemen, der den ratternden Nadelkopf antrieb. Gern saßen wir Kinder auf dem Trittbrett und versetzten das Schwungrad in schnelle Drehungen, um dann dem im Leerlauf stampfenden Mechanismus zu lauschen, einem vertrauten und heimeligen Geräusch, das uns abends oft in den Schlaf begleitete, wenn der Haushalt zur Ruhe gekommen war und die Mutter an der Maschine saß, etwa ein Sommerkleid im „New Look“ schneiderte – sicherlich nach einem Muster aus der „Constanze“, der ersten Illustrierten für die Dame der Gesellschaft, die damals wieder an den Kiosken feilgeboten wurde.

Der Käfer als Familienkutsche, auch ein Symbol des Wirtschaftswunders

Wirtschaftsboom

Bundeswirtschaftsminister Ludwig Erhard, später als „Vater des Wirtschaftswunders“ bekannt geworden, ließ bereits an einem Notplan zur Wirtschaftsankurbelung arbeiten, als ihm die internationale Situation zur Hilfe kam: Der im Juni 1950 ausgebrochene Koreakrieg trieb die Nachfrage nach deutschen Investitionsgütern und Kohle in die Höhe; Deutschland hatte als einziger westlicher Industriestaat freie Kapazitäten – der Siegeszug deutscher Produkte auf dem Weltmarkt begann.

Allein 1950 nahm die Zahl der Beschäftigten um eine Million zu und die Produktion lag um ein Drittel über der des Vorjahres. Von nun an begann ein außerordentlich hohes Wirtschaftswachstum mit jährlichen Zuwächsen von etwa zehn Prozent und doppelt so hohen Steigerungen im Exportbereich. Die politische Krise im fernen Asien hatte einen erneuten und diesmal dauerhaften Wachstumsimpuls für die deutsche Wirtschaft gegeben.

Im Puppenwagen aus Holz durfte auch der Teddy mitfahren

Kinderspiel und Improvisation

An Playmobil, Lego-Baukasten oder Barbiepuppen für die Kinder war in jenen Tagen nicht zu denken – Essen, Trinken, Heizen und Kleidung, das blieben auch in den frühen 50er-Jahren die Prioritäten. Im Bügelzimmer errichtete ich mit Bauklötzen aus Abfallholz einer nahen Schreinerei mein Königreich der Fantasie. Aus den Holzklötzen wurden starke Schlossmauern, in deren Schutz Kühe, Hirsche und Büffel grasten. Dabei handelte es sich um „Sanella-Figuren“, gepresste weiße und gelbe Kunststoff-

Mit kindlicher Fantasie wurden auch aus schlichten Holzklötzen Schlösser und Burgen gebaut

figuren, die wir Kinder geschenkt bekamen, wenn die Mutter bei dem täglich vor der Haustür seine Glocke schwingenden Milchmann kaufte. Auch ein Plastikaffe mit rubinroten Augen und einem Ringelschwanz graste auf meiner Schlosswiese – zoologisch nicht ganz einwandfrei, zumal er auch noch Räder hatte, aber ein ganz selbstverständliches Mitglied des kleinen Zoos. Das Schloss selbst bildeten größere, teilweise gedrechselte und dann vom Schreiner verworfene Holzklötze, und die prächtige Dachkonstruktion wurde von olivgrünen Zinnen gekrönt – den Bakelit-Endstücken der Palmolive-Rasierseife, die der Großvater stets für mich aufhob.

Ich kann mich nicht erinnern, bei diesem Spiel oder draußen beim Toben mit Gleichaltrigen irgendeinen Mangel empfunden zu haben. Im Gegenteil: Langeweile kam bei uns nie auf, fehlende Utensilien wurden durch blühende Fantasie ersetzt – und Fernsehen? Kannten wir nur vom Hörensagen!

Draußen vor der Tür

Aus dem Haus zu gehen war für uns Kinder immer ein großes Abenteuer. Wir machten uns erst mit unserer Straße, dann mit dem Viertel, schließlich mit der weiteren Umgebung vertraut und gingen Tag für Tag neu auf Entdeckungsreise. Was wir dabei sahen, würde ein heutiges Kind befremden: Graue Wohnblöcke aus der Zeit vor dem Krieg, kopfsteingepflasterte Rumpelstraßen mit wenigen, blaue Qualmwolken hinter sich herziehenden Autos und Lastwagen und zwischen den Häusern immer wieder wie hässliche Zahnlücken die Ruinen. Mit meterhohen Brennnesseln und mit Löwenzahn

Die vielen Kinder der Nachkriegszeit fanden überall einen Platz zum Spielen – in den Hinterhöfen der Mietshäuser waren sie zumindest unter Kontrolle. Gefährlicher waren kindliche Ausflüge in die geheimnisvolle Welt der Trümmergrundstücke

Echte Tiere waren noch besser als Stofftiere

waren die Mauerreste bewachsen. Dazwischen huschten nicht selten Ratten herum. Eine leise Ahnung von der Dramatik der erst wenige Jahre zurückliegenden Bombennächte beschlich uns Kinder, wenn wir hoch aufragende Brandmauern untergegangener Mietshäuser sahen, an denen im zweiten oder dritten Stock grotesk verbogene Badewannen hingen oder ins Nichts führende Türen hin- und herschwangen. Auch bei uns kleinen Kindern funktionierte bereits die Gerüchteküche. Sie verhieß, dass ältere und mutigere Kinder, als wir es waren, sich ins Innere der Ruinen gewagt und dort verrostete Karabiner, SS-Dolche und gar Skelette gefunden hatten.

Erst als in unserer Nachbarschaft zwei Zwölfjährige von einer Handgranate schwer verletzt wurden, die sie als stolze Beute nach Hause tragen wollten, wurde das Betreten der Ruinen streng verboten und die Behörden begannen damit, Zäune um die Trümmergrundstücke zu errichten.

So unorganisiert war die Gesellschaft Anfang der 50er-Jahre: Es gab einfach zu viel zu regeln, aufzubauen und zu reorganisieren, als dass die viel gerühmte deutsche Präzision schon wieder hätte funktionieren können – und manch einer hatte von dieser Präzision und ihren Folgewirkungen damals auch gründlich die Nase voll!

Volksaufstand in der DDR

Im Juni 1953 kam es überall in der DDR zu Protesten gegen die vom Politbüro beschlossene Erhöhung der Arbeitsnormen um mindestens zehn Prozent. Nachdem es in mehreren Orten bereits zu Arbeitsniederlegungen gekommen war, entwickelte sich am 16. Juni aus einem Protestmarsch streikender Bauarbeiter in Ostberlin eine Demonstration von mehr als 100 000 Menschen. Westliche Rundfunksender verbreiteten die Nachricht hiervon am selben Abend in der gesamten DDR. Noch in der Nacht bildeten sich daraufhin in vielen Großbetrieben Streikkomitees.

Am nächsten Morgen kam es in 272 Orten der DDR zu Arbeitsniederlegungen, an denen sich 400 000 Arbeiter beteiligten. Die begleitenden Kundgebungen nahmen immer mehr politischen Charakter an und richteten sich bald allgemein gegen die Regierung Ulbricht.

Die Streikführer verloren mehr und mehr die Kontrolle über die von ihnen angefachte Bewegung. Um 12.30 Uhr am 17. Juni zogen sowjetische Panzer auf und zerschlugen, unterstützt von DDR-Volkspolizisten, die Demonstrationen. Dabei wurden mehr als 200 Arbeiter getötet. In den nächsten Tagen wurden mehrere tausend Menschen inhaftiert; mehrere Streikführer wurden hingerichtet.

In einer Mischung aus Nachgiebigkeit und Härte versuchte das SED-Zentralkomitee anschließend die Situation wieder in den Griff zu bekommen: Neben Selbstkritik der Funktionäre und Erleichterungen im Alltag gab es verschärfte Repressalien gegen Oppositionelle und Säuberungen innerhalb der DDR. Der Aufstand vom 17. Juni wurde als „von westlichen Agenten gesteuerte faschistische Provokation“ dargestellt.

Kriegsversehrte – eine eigene Spezies

So viele Männer kehrten für ihr Leben gezeichnet aus den Schützengräben zurück, dass man für sie eigene Plätze in Bussen, Bahnen und Zügen einrichtete: „Freihalten für Kriegsversehrte“. Kriegsversehrte – eine eigene Spezies, und dabei waren sie wenige Jahre zuvor als ganz normale Menschen in den Krieg gezogen, je nach Gemüt mit Siegesträumen oder bangen Gefühlen.

Kriegsversehrte, ein gewohnter Anblick in den Nachkriegsjahren

Jetzt also gab es neben Männern, Frauen und Kindern eine vierte Art: Die Kriegsversehrten. „Schau nicht so hin!", tadelte einen die Mutter, wenn man wieder einmal den Blick nicht von einem dieser bedauernswerten Heimkehrer wenden konnte. Entweder baumelte unter seinem Körper ein leeres Hosenbein oder an seiner Schulter ein leerer Ärmel. Besonders gruselig war für uns der Anblick der Kriegsversehrten, die beide Beine verloren hatten. Rollstühle waren noch Mangelware und so holperten viele von ihnen auf kleinen hölzernen Wägelchen durch die Straßen, die Hände mit Stoff umwickelt, damit sie beim Schwungholen auf dem Straßenpflaster nicht wund wurden.

Es gab auch eine ganze Armee von Kriegsblinden. Sie standen oft an den Straßenecken, von einem Angehörigen morgens dort postiert und abends wieder abgeholt, und hielten den Passanten, die sie nicht sehen konnten, dezent ihre Schirmmütze hin – jenes paramilitärische Kleidungsstück, das fast alle von ihnen trugen.

Als die Prothesenproduktion in Schwung kam, gab es dann immer mehr Männer mit Holzbeinen und fleischfarben getönten Kunstarmen. Da man die fehlende menschliche Hand nicht so gut nachahmen konnte, wurde an ihrer Stelle meist ein brauner oder schwarzer Lederhandschuh platziert.

Die Kriegsversehrten hatten es anfangs besonders schwer, denn die wenigen Arbeitsplätze, die es gab, waren körperbetont. Körperbetont war auch die gesamte Bevölkerung in ihrem Bemühen, das geschundene Land aufzuräumen und wieder bewohnbar zu machen. Die Männer mit den Holzbeinen und den toten Augen standen dazwischen herum und fühlten sich überflüssig. Sie fanden als Letzte wieder ihren Platz in der Gesellschaft.

Ein typischer Beruf in einer traurigen Zeit: Augen-Nachbildner

Nachkriegsfamilie am leeren Strand von Borkum

Erster Urlaub

Im Sommer fuhren wir zum ersten und einzigen Mal mit der ganzen Familie in die Sommerfrische auf die Nordseeinsel Borkum. Die Zugfahrt nach Westerakkumersiel – die Hauptstrecke war noch nicht wieder befahrbar, weil der Viadukt einen britischen Volltreffer abbekommen hatte – mit viermal Umsteigen kam mir endlos vor. Die Mutter versuchte uns mit Schilderungen von dem großen Schiff, mit dem wir über das noch größere Meer fahren würden, bei Laune zu halten, doch das gelang ihr nur unzureichend, denn überwiegend bestehen meine Erinnerungen an die Fahrt aus einer Sinfonie von bedrohlich schnaufenden Dampfloks, quäkenden Bahnsteigansagen, Windeln wechseln bei den kleineren Geschwistern, einem entnervten in Konkurrenz mit der Lokomotive Zigarrenrauch abblasenden Vater und Kindergebrüll – nicht von mir, denn ich als der „Große" hatte ja tapfer zu sein. Auf Borkum angelangt, fuhren wir mit einer Kutsche zu unserem Ferienquartier, einem früheren „Fliegerheim" der Luftwaffe. Hier warteten dem ursprünglichen Verwendungszweck entsprechende Kammern mit metallenen Etagenbetten und Rosshaarmatratzen auf uns. Für die Eltern gab es immerhin ein Doppelbett und einen etwas größeren Raum mit einer Sitzgarnitur und einem Radio.

Im Rückblick scheint mir, dass wir Anfang der 50er-Jahre wohl eine der wenigen deutschen Familien waren, die einen Sommerurlaub machten und dass er vor allem für die Mutter unter diesen Reise- und Unterbringungsbedingungen mit drei Kleinkindern die reinste Tortur gewesen sein muss.

Weltmeister und Wirtschaftswunder

Ostern '54: Die einen durften schon in die Schule, die anderen mussten noch warten

(Keine) Einschulung nach Ostern

Ostern 1954 wurde ich – nicht eingeschult. Denn obwohl ich bereits die Namen der Waschmittel auf den Packungen lesen (VIM, ATA und PERSIL), obwohl ich bereits mit der rechten Hand über den Kopf greifen und mein linkes Ohr erfassen konnte, befand der untersuchende Arzt mich für zu jung. Schließlich würde ich erst im August sechs Jahre alt werden. So blieb mir – Gnade der späten Geburt – ein weiteres Jahr zum Träumen und Herumlungern. Mit Karl-Heinz, dem Sohn des Kolonialwarenhändlers um die Ecke, versteckte ich

Chronik

30. März 1954
Theodor Heuss wird als Bundespräsident wiedergewählt.

4. Juli 1954
Die Bundesrepublik schlägt Ungarn bei der Fußballweltmeisterschaft mit 3:2 und ist Weltmeister.

25. Januar 1955
Die Sowjetunion beendet den Kriegszustand mit Deutschland.

15. Juli 1955
Die erste documenta in Kassel präsentiert Kunst des 20. Jahrhunderts – vorwiegend solche, die während der Nazizeit als „entartete Kunst“ nicht gezeigt werden durfte.

8. Oktober 1955
Die letzten 10 000 Kriegsgefangenen kehren aus der Sowjetunion zurück.

19. April 1956
Hochzeit des Jahres im Fürstentum Monaco: Die amerikanische Schauspielerin Grace Kelly („Die oberen Zehntausend“) heiratet in der St.-Charles-Kathedrale von Monte Carlo Fürst Rainier III. von Monaco.

7. Juli 1956
In der Bundesrepublik wird für alle Männer zwischen dem 18. und dem 45. Lebensjahr die allgemeine Wehrpflicht eingeführt. 141 SPD-Abgeordnete stimmen im Bundestag dagegen.

23. Oktober 1956
In Ungarn beginnt ein Aufstand gegen das stalinistische Regime, der nach zwei Wochen von sowjetischen Panzern erstickt wird.

1. Juli 1957
In der Bundesrepublik tritt das Gesetz über die Gleichberechtigung von Mann und Frau in Kraft.

15. September 1957
Bei der Bundestagswahl erhält die CDU mit 50,2 Prozent die absolute Mehrheit. Die SPD erhält 31,8 und die FDP 7,7 Prozent.

19. Oktober 1957
Die Sowjetunion schießt den ersten künstlichen Erdsatelliten („Sputnik“) ins All.

Fahrt mit dem Holztrecker ins Reich der Fantasie

mich in den leeren Kartons aus dem Laden, die in einem Schuppen auf dem Gelände aufbewahrt wurden. Tagsüber wähnten wir uns als verfolgte edle Ritter, die sich vor einer Übermacht von Feinden verbergen mussten, abends rochen wir – je nach dem früheren Verwendungszweck unseres Zufluchtskartons – nach Waschpulver, Fisch oder welken Kohlköpfen.

Es gab jedoch auch Tage, an denen wir lieber die Hühner des Kolonialwarenhändlers schikanierten, auf Klingeljagd gingen oder Steine in einen nahen Teich warfen. Kein Wunder, dass unsere verschobene i-Männchen- oder Abc-Schützen-Würde in unserem Lebensumfeld nicht nur begeisterte Zustimmung fand.

Ich werde Fußballweltmeister

Der Nordwestdeutsche Rundfunk, in dem uns beim Frühstück Glenn Miller und seine Bigband einheizten, in dem wir täglich dem Moderator Chris Howland in seiner Rolle als Mister Pumpernickel lauschten und in dem Grace Kelly, die spätere Fürstin Gracia Patricia von Monaco, und Bing Crosby immer wieder so schluchz-trän-herzergreifend „You and I have a Guardian Angel" sangen, begann uns dann auf den wichtigsten Tag in der deutschen Geschichte seit der Kapitulation 1945 vorzubereiten: Sepp Herbergers Mannen droschen das runde Leder bei der Fußballweltmeisterschaft in Bern von Sieg zu Sieg und schickten sich an, das Unmögliche wahr zu machen: Den hässlichen und von allen verachteten deutschen Nachkriegsmichel auf die oberste Stufe des Podestes zu katapultieren, nämlich die des Weltmeisters.

Die Deutsche Weltmeister-Mannschaft von 1954:
obere Reihe stehend (v.l.n.r.): Trainer Sepp Herberger, Fritz Walter, Helmut Rahn, Jupp Posipal, Horst Eckel, Werner Liebrich, Ottmar Walter, Hans Schaefer, Max Morlock;
untere Reihe knieend (v.l.n.r.): Karl Mai, Torwart Toni Turek, Werner Kohlmeyer

Am 4. Juli 1954 war dann der entscheidende Tag: Die ganze Familie, obwohl sonst nur mäßig fußballbegeistert, saß im Wohnzimmer vor dem Grundig-Weltempfänger mit dem hochglanzpolierten Nussbaumgehäuse und dem grünen „magischen Auge“, das die Empfangsstärke anzeigte. Die Mutter hatte einen Imbiss vorbereitet: „Reiterchen“ aus mehrfach geschichtetem Pumpernickel mit Butter und Käse dazwischen, ausgehöhlte Tomaten, die mit Fleischsalat gefüllt waren und auf die dann wieder der zuvor abgeschnittene Deckel gesetzt wurde, mit ein paar Mayonnaise-Tupfern zum neckischen Fliegenpilz mutiert, und ebenfalls ausgehöhlte und neu gefüllte hartgekochte Eier. Dazu gab es Salzstangen, mikadoartig in einem Weinglas aufgefächert, Bier, das wir Kinder in einzeln abgezählten Flaschen aus der nahe gelegenen Kneipe holen mussten, und Steinhäger, von dem aber nur im Falle eines deutschen Tores getrunken werden durfte. Es fielen ja dann bekanntlich mehrere, sodass bei Rahns Siegtreffer und dem unsterblich gewordenen überkippenden Ruf des Kommentators Herbert Zimmermann „Tor, Tooor, Tooooor für Deutschland!“ Männer in der Runde bereits etwas glasige Augen und eine infarktverdächtige Gesichtsfarbe hatten.

Auch wir Kinder jubelten, denn es schien uns, als breche nun eine neue Epoche an. Davon, dass Rahns Siegtor einem müden und deprimierten Volk zu neuem Selbstbewusstsein verhalf und dass es gewissermaßen der Startschuss zum Wirtschaftswunder sein sollte, wussten wir nichts. Wir kamen uns auf einer viel unmittelbareren Ebene geadelt und erhöht vor, schnappten jeder noch eine Frikadelle und rannten auf die Straße, um – Fußball zu spielen. Ruckzuck bekam jeder Mitspieler den Namen eines der Helden von Bern und wenn diese Namen verbraucht waren, mussten die Schwächsten, da half kein Maulen, Ungarn sein.

Erschöpft gingen wir schließlich ins Bett, um am nächsten Morgen als Weltmeister aufzuwachen – ein Gefühl, dessen Intensität nur langsam nachließ.

Lichtblick Sozialwohnung

1954 bekamen wir endlich auch eine der heiß begehrten neu gebauten Sozialwohnungen. Schon seit Jahren hatten wir auf der Warteliste gestanden. Jetzt half uns die Tatsache, dass wir eine Familie mit drei Kindern waren – das bedeutete zusätzliche Pluspunkte bei der Vergabe.

Die Wohnung bestand aus vier Zimmern, einem winzigen Bad und einer kleinen Küche und war bei unserem Einzug noch feucht. In dem folgenden harten Winter mussten wir sie deshalb erst einmal „trockenwohnen“, was für uns Kinder ganze Erkältungsserien bedeutete, denn wir hatten zu dritt nur ein Kinderzimmer und wenn einer krank wurde, steckte er meist die anderen beiden an.

Die Wohnung hatte mit Kalkfarbe gewalzte Wände, auf denen sich ein tristes braunes Blumendekor ausbreitete, und einen dunkelgrünen Linoleumfußboden. Regelmäßig musste dieser mit übelriechendem Bohnerwachs auf Hochglanz gebracht werden. Dazu diente ein bleibeschwerter Bohnerbesen, der stets von zwei Kindern gezogen wurde, während sich das dritte als zusätzliches Gewicht daraufsetzte.

Unsere Kinderbetten stammten aus Wehrmachtsbeständen. Sie waren aus Metall mit abgestoßener gelblich weißer Farbe und ließen sich übereinander bauen. Dreiteilige Rosshaarmatratzen vervollständigten den Komfort.

Endlich war es auch mit dem lauwarmen Bad am Samstagabend in der Zinkwanne mitten in der Küche vorbei: Jetzt gab es eine Badewanne mit Gastherme und immer genügend heißes Wasser. Ein extra Vollbad für jeden wurde dennoch nicht bewilligt – aus Kostengründen. Wir losten um die Reihenfolge und stiegen dann nacheinander in dasselbe Wasser, das nur mit ein paar Litern aus der Therme wieder nachgewärmt wurde.

Während die Schlafzimmer auch im Winter ungeheizt blieben und wir morgens Eisblumen an den Fensterscheiben hatten, wurden Wohn- und Esszimmer mit Kohleöfen geheizt. Die Mutter, die als erste aufstand, musste zitternd

Unsere Unterkünfte waren teils noch sehr einfach

und zähneklappernd bei Innentemperaturen knapp über null Zeitungspapier und klein gehacktes Anmachholz, das in drahtverschnürten Bündeln geliefert wurde, in die Öfen schichten und dann, wenn die Glut stark genug war, aus einem blechernen Schütteimer die Eierkohlen darauf häufen.

Schluss mit dem Behelfsbad im Zinkzuber: Jetzt gab es wieder Badewannen, in die eine Gastherme warmes Wasser sprudeln ließ

Tante Emma lässt grüßen

Die Läden der Nachkriegszeit konnte man leicht am Geruch unterscheiden. Wesentlich weniger Waren als heute waren luftdicht verpackt, Kühltheken gab es noch nicht und auch keine Klimaanlagen, die die Düfte des Konsums hätten absaugen können. Und so waren es ganze Geruchssinfonien, in denen man badete, wenn man einen solchen Laden betrat.

Im „Kolonialwarenladen", dem aus Kaisers Zeiten nur die merkwürdige Bezeichnung, nicht aber die Vielfalt exotischer Waren aus den Kolonien erhalten geblieben war, roch es intensiv nach Waschpulver, Rollmöpsen und Käse. Textilläden rochen nach der Stärke, mit der die meisten Stoffe imprägniert waren, Tabakläden durchdringend würzig nach Zigarren und Metzgereien nach geräuchertem Speck. Besonders gern roch ich damals den Duft nach frisch gebackenem Brot, der den Bäckereien entströmte. Leider mischte er sich meistens mit dem weit weniger angenehmen Schweinestall-Aroma, das aus dem Hinterhaus drang, denn fast jeder Bäcker hatte damals ein Schwein – zur Altbrotverwertung mit anschließendem Schlachtefest.

An die Verpackungsorgien der heutigen Supermärkte haben wir uns seit langem gewöhnt. In der Nachkriegszeit gab es dagegen fast alles lose.

Der Kolonialwarenladen – in den 50ern vielfältig duftender Mittelpunkt so mancher Wohnsiedlung

Aufschnitt wurde frisch von der Wurst oder dem Schinken heruntergeschnitten, Gewürzgurken und Rollmöpse mit der hölzernen Zange aus riesigen Gläsern mit Salzlake geangelt, Milch mit der Handpumpe in mitgebrachte Blechkannen gezapft. Pech, wenn man, wie ich mehrfach, das Milchgeld in der Kanne transportiert hatte und vergaß, es vor der Befüllung herauszunehmen! Auch die weitaus geringere Vielfalt der Süßigkeiten wartete in großen Glasbehältern auf Kunden: Himbeerförmige und -farbige Bonbons oder rechteckige flache Kaugummis, jeweils einen Pfennig das Stück, Lakritzschnecken oder -pfeifen, klumpige braune Malzbonbons oder milchkaffeefarbene Karamellen.

Alle Arten von Sämereien wurden in Holzfässern oder Säcken wie angeliefert dargeboten, Butter wurde mit Holzspateln aus großen Fässern gekratzt und auf einem Holzbrett platschend in rechteckige Form gebracht, Honig und Marmelade aus Messingeimern abgefüllt.

Sommerfrische in der „Kinderlandverschickung"

Wenn der Sommer kam, wurden wir „verschickt": Meine Schwester meist nach Bayern, mein Bruder und ich ins Sauerland oder nach Wangerooge, wo spartanische Kinderheime mit einer Mannschaft aus mehr oder weniger sadistischen „Tanten" auf uns wartete – jedenfalls haben wir das damals so empfunden. Bei den „Tanten" handelte es sich um selbst noch nicht ganz erwachsene junge Frauen, die sich durch diesen Job Geld für den eigenen Urlaub verdienten oder ihn im Rahmen einer Kindergärtnerinnenausbildung angenommen hatten.

Apfeltee und Brot- oder Graupensuppe sind einige der Scheußlichkeiten, die meine ohnehin schlimmen Heimwehanfälle damals auf die Spitze trieben. In den Heimen gab es die ganze Bandbreite der Nachkriegsgesellschaft, nur eben in klein: Selten waren die angehenden Wirtschaftswunderkinder, für die der Postbote immer wieder mal Fresspakete von daheim brachte mit Schokolade, Keksen und Kaugummi, gelegentlich sogar einer Dose Cocktailwürstchen! Viel häufiger vertreten war der Typ des mittelschwer verwahrlosten Buben, der sich freiwillig nie wusch, weil er das von zu Hause nicht kannte, der für vier Wochen nur eine Garnitur Unterwäsche zum Wechseln dabei hatte und bei den Mahlzeiten auch noch die Teller seiner Nachbarn leer aß, weil er daheim Kohldampf schieben musste.

In der Sommerfrische weit weg von zu Hause

Ob das Lächeln echt ist?

Essen war überhaupt das zentrale Thema dieser Aufenthalte. Es war meist nicht gut, aber reichlich und zuweilen argwöhnten wir in Anlehnung an Hänsel und Gretel sogar, wir sollten gemästet und anschließend selbst gekocht und verspeist werden. Zwar mussten wir keinen Finger durchs Gitter stecken, um den Masterfolg kontrollieren zu lassen, doch wurden wir allabendlich gewogen und das Ergebnis in eine Tabelle eingetragen.

Heute scheint mir, dass diese Massen-Kinder-Sommerfrischen die Fortführung der Kinderlandverschickung im Dritten Reich waren – zum großen Teil waren es sogar dieselben Heime. Immerhin erfüllten sie nach wie vor 1945 einen wichtigen Zweck: Vorher sollten sie die Jugend aus den bombengefährdeten Großstädten in Sicherheit bringen, nachher den Kindern aus den Millionen bitter armer Familien einen Tapetenwechsel und einen vollen Magen spendieren.

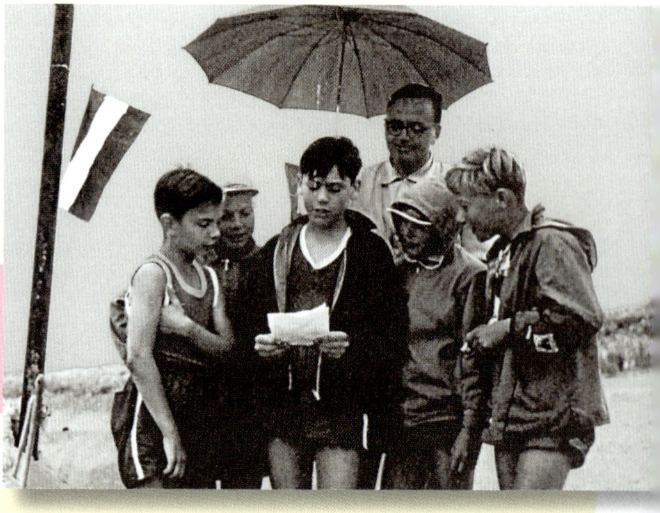

Sportspiele waren Natur- und Gemeinschaftserlebnis für blasse Großstadtkinder

Schiefertafel im Tornister

Ostern 1955 war es dann auch für mich endlich so weit: Ein kahlköpfiger Schulrektor, der so aussah, als würde er noch mit dem Rohrstock schlagen, was sich später als zutreffend herausstellte, stand umringt von Hunderten von Abc-Schützen auf dem Schulhof und teilte die neuen Klassen ein. Besorgte Mütter und Großmütter umringten die Szene, hier und da gestikulierend und die großen spitzen Schultüten mit Süßigkeiten einsammelnd, die nicht mit in die Klassen genommen werden durften.

Als wir alle eingeteilt waren, mussten wir uns paarweise an den Händen fassen und unserer Lehrerin in den Klassenraum folgen. Meine hieß Frau

Volle Schulklassen als Herausforderung für Nachkriegslehrer – doch wir waren noch so brav, dass auch bei Klassenstärken von 50 und mehr Kindern Ruhe herrschte – meistens

Meise, war sehr mollig und hatte einen knallrot geschminkten Mund, der schon bald inbrünstig zu singen begann „Geh aus, mein Herz und suche Freud'". Wir lernten schnell den Text, bei dem mir allerdings die Passage mit den „Tulipan", die sich viel schöner ansehen als „Salomonis Seide", noch jahrelang unverständlich blieb.

Ansonsten waren wir, der 48er-Jahrgang, der auch später Vorreiter für so viele Neuerungen sein sollte, Versuchstiere: Wir erhielten mit Dutzenden deutscher Wörter bedruckte Pappbögen und eine kleine Schere. Damit mussten wir die Wörter ausschneiden und in einer von zu Hause mitgebrachten Blechdose verwahren.

Die Lehrerin schrieb anschließend Wörter oder kleine Sätze wie „Karo ist lieb" oder „Wir gehen in die Schule" mit quietschender Kreide an die grüne Schiefertafel und wir mussten in unserer Blechdose die passenden Wörter aufspüren und den Satz vor uns auf der Schulbank zusammenbauen. Das nannte sich „Ganzheitsmethode", war soeben eingeführt worden und wurde ein Jahr später schon wieder abgeschafft.

Neben den Wortschnipseln hatten wir wie die Jahrgänge vor und nach uns auch eine Schiefertafel mit daranhängendem Schwamm, den man auf dem Schulweg kokett aus dem ledernen Tornister hängen ließ, und einen Griffelkasten aus Holz mit einem Schiebedeckel, in dem die dünnen und ständig abbrechenden Kreidestifte verwahrt wurden.

Mit Lederranzen gewappnet konnte das Schülerleben starten

Junge Liebe

Neben all dem Lesen und Schreiben hatte ich noch Zeit für meine erste Liebe. Sie war zart und feingliedrig, hatte blaue Augen und schwarze Haare und hörte auf den entzückenden Namen Julia. Nach der Schule durfte ich sie nach Hause bringen und ging dabei wie auf Wolken.

Julia sammelte Rock 'n' Roll-Klammern, winzig kleine Ausgaben der gemeinen hölzernen Wäscheklammer, jedoch aus Kunststoff in allen Farben des Regenbogens. Sie wurden vorzugsweise an den Blusenkragen oder anderswo sichtbar an der Kleidung getragen. Es handelte sich dabei um eine frühe Form künstlicher Bedarfsweckung, denn natürlich musste jedes Mädchen, das etwas auf sich hielt, solche nutzlosen Klammern haben – und zwar in allen verfügbaren Farben.

Dummerweise kostete eine Klammer 10 Pfennig, genauso viel, wie ich pro Woche an Taschengeld erhielt. Nicht nur, dass ich diesen Betrag für mein Liebeswerben aufwandte – ich nahm zu Hause sogar einen Kleinkredit auf, um meiner Angebeteten weitere Rock 'n' Roll-Klammern schenken zu können.

Was mir dabei entging, sah ich ohne Reue jeweils beim Erwerb dieser Accessoires in einem Kiosk nahe der Schule. Hier gab es Sigurd-, Akim- und Prinz-Eisenherz-Hefte, Wasserpistolen aus durchsichtigem Kunststoff, Jojos aus farbigem Holz, Flohhüpfspiele in pilzförmigen Behältern mit abnehmbarem Deckel, Pfefferminzbruch (extrem süße weiß-rosa gestreifte Zuckerbrocken) und Wundertüten, die kleine, leicht vergängliche Kostbarkeiten wie Blechringe mit gläsernen Rubinen und gefärbten Puffreis enthielten.

Mädchen und Jungen friedlich vereint, das war in unserem Alter nicht selbstverständlich

Ich verzichtete auf alle diese Objekte meiner Träume, um mir die Gunst meiner Angebeteten zu erhalten. Doch alles war vergebens, denn nach den Ferien stach mich ein Zweitklässler aus – mit höherem Taschengeld und mehr Rock 'n' Roll-Klammern.

Eine „Rasselbande" waren wir selber, lieber wollten wir Micky Maus lesen

Aus den USA kamen die Comic-Hefte herüber – direkt in deutsche Grundschulklassen

Micky Maus und Co.

Die schmalen Sigurd- und Akim-Hefte, von denen schon die Rede war, erfreuten sich zwar großer Beliebtheit, jedoch längst nicht so wie die Micky-Maus-Hefte. Leider hatte mein Vater, ein kulturbeflissener Mann, uns Kindern verboten, diesen „aus Amerika herübergeschwappten Schund" zu lesen. Manchmal brachte er uns eine „Rasselbande" mit, ein Heft im gleichen Format wie Disneys Kinderpostille, aber rein deutschen Inhalts. In der „Rasselbande" standen Geschichten darüber, wie ein Junge seine Ferien beim Onkel, einem Förster im Schwarzwald verbrachte und was er dabei erlebte, man erfuhr, dass die Sterne am Himmel eigentlich Sonnen sind und man konnte lernen, wie man ein Vogelhäuschen selber baut. Viel lieber hätten wir uns allerdings angeschaut, wie Gustav Gans Donald wieder mal austrickst und Tick, Trick und Track Onkel Dagobert überreden, ihm wieder auf die Plattfüße zu helfen.

Kalter Krieg und heiße Rhythmen

„Non scholae sed vitae discimus“: Ein Sextaner mit zehn Jahren beim Betreten einer „Höheren Bildungsanstalt humanistischer Prägung“

In überfüllten Klassenzimmern

Wo immer der Jahrgang 1948 auftauchte, änderten sich die Rahmenbedingungen: 1955, mit seinem Eintritt in die Grundschule, wurde die Ganzheitsmethode zum Lesen lernen eingeführt, 1959, als er die weiterführenden Schulen erreichte, wurde die Schulgeldfreiheit verordnet. Und 1966, als die im Rennen Verbliebenen sich

Chronik

14. September 1958
Das ehemalige Konzentrationslager Buchenwald bei Weimar wird als internationale Gedenkstätte eingeweiht.

1. Juli 1959
Heinrich Lübke wird von der Bundesversammlung zum Bundespräsidenten gewählt.

7. Oktober 1959
Auf der Frankfurter Buchmesse wird der Roman „Die Blechtrommel" von Günter Grass vorgestellt. Gemeinsam mit „Billard um halbzehn" von Heinrich Böll und „Mutmaßungen über Jacob" von Uwe Johnson bringt er den Durchbruch deutscher Literatur auf dem Weltmarkt.

25. März 1960
Letzter Fernsehauftritt der „Familie Schölermann", die sechs Jahre lang von bis zu 90 Prozent der Fernsehzuschauer gesehen wurde. Für die nächsten sieben Jahre tritt die ebenso beliebte „Firma Hesselbach" an ihre Stelle.

12. September 1960
Walter Ulbricht wird Staatsratsvorsitzender der DDR. Das Amt des Präsidenten, das der am 7. September verstorbene Wilhelm Pieck innehatte, wird abgeschafft.

13. August 1961
Mauerbau: Die Sektorengrenze zwischen West- und Ostberlin wird mit Beton und Stacheldraht abgeriegelt, drei Tage später auch die Grenze zwischen DDR und Bundesrepublik. Allein in den vorangegangenen Monaten des Jahres 1961 waren 90 000, im Vorjahr 200 000 Menschen in den Westen geflüchtet.

30. Oktober 1961
Abschluss einer Vereinbarung über die Anwerbung von Gastarbeitern aus der Türkei.

7. November 1961
Konrad Adenauer wird zum vierten Mal Bundeskanzler. Die FDP wird nach dem Verlust der absoluten Mehrheit für CDU/CSU wieder Koalitionspartner.

11. Dezember 1961
In Israel wird der ehemalige SS-Obersturmbannführer Adolf Eichmann wegen maßgeblicher Beteiligung an der Judenvernichtung zum Tode verurteilt. Er wird am 31. Mai des folgenden Jahres hingerichtet.

Mit dem Reisebus auf Klassenfahrt – erlebnishungrige Nachkriegskinder wollen's wissen!

Wir waren ein bunter Haufen, aber nur Jungs

anschickten, die Reifeprüfung abzulegen, wurde der Schuljahresbeginn von Ostern auf den Sommer verlegt und wir mussten (durften?) die beiden letzten Schuljahre im Schweinsgalopp zurücklegen, denn sie dauerten jeweils nur neun statt zwölf Monate.

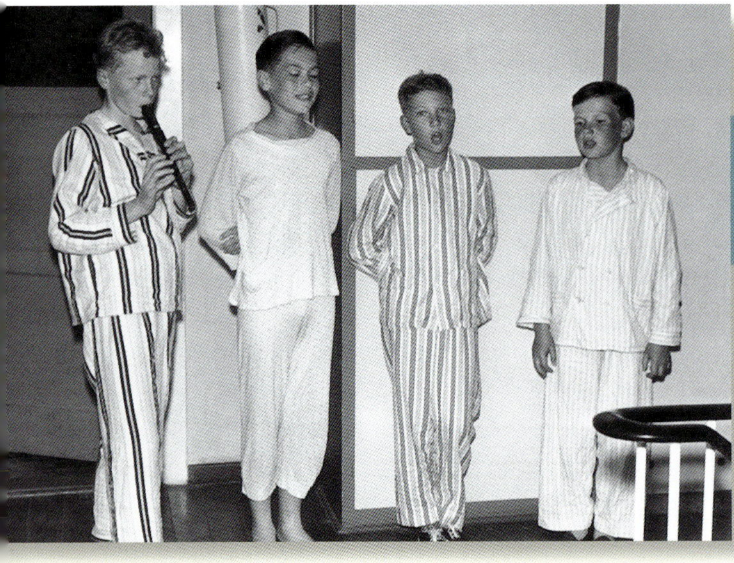

„Der Mond ist aufgegangen" –
Gute-Nacht-Singen im Landschulheim …

1959 bei unserem Schulwechsel kündigte sich jedoch noch eine weitere Veränderung an: Wir waren die Letzten, die ihre Vokabeln im Schichtunterricht lernten. Kinderreichtum und Gebäudemangel – viele im Krieg zerstörte Schulhäuser waren noch nicht wieder aufgebaut – hatten es nötig gemacht, dass wir wie Industriearbeiter „Schichten fuhren": In geraden Wochen hatten wir vormittags, in ungeraden nachmittags Unterricht. Nach der sechsten Stunde gab es jeweils ein gewaltiges Gedränge, denn dann strebten die Schüler der einen Schule nach Hause, während die der anderen zum Unterricht kamen.

… und anschließende
Pyjama-Party im Zimmer

Faszination „Lichtspieltheater“

1960 war vor allem freizeittechnisch ein wichtiges Jahr: Endlich wurden wir zwölf und durften in Filme gehen, die unter die Kategorie „FSK ab 12“ fielen. Zwar gab es auch Vorstellungen mit „FSK ab 6“, aber wer wollte schon in solche Babyfilme gehen!

Jetzt also war es so weit: Für uns öffnete sich die geheimnisvolle Welt des Lichtspiels, wie das Kino damals – vielleicht ein Erbe der nationalsozialistischen Sprachsäuberung – noch offiziell hieß. Schon das Durchschreiten der roten Samtvorhänge löste ehrfürchtige Schauer in uns aus. Im Inneren roch es nach Bohnerwachs mit Zitronenaroma, Staub und Damenparfum. Die meisten Lichtspieltheater hätte man nach dem Entfernen der Leinwand problemlos als richtige Theater nutzen können. Mit elegantem Schwung senkten sich die ebenfalls samtbezogenen Klappsitze von den Logen bis zum Sperrsitz hinab in mindestens sechs Meter hohen Räumen, deren Decken oft dem Sternenhimmel ähnelten und deren Wände mit gefalteten Stoffen in üppigem Wurf, goldenen Kandelabern und verschnörkelten Zierelementen übersät waren.

Erwartungsvolle Minuten vergingen, in denen aus verborgenen Lautsprechern Instrumentalmusik wie „Apache“ von den Shadows oder gefühlvolle Klänge von Hawaii-Gitarren in den Saal geblasen wurden.

Mit einem gewaltigen Gong öffnete sich dann der Vorhang und gab den Blick auf die Projektion gelegentlich schon leicht verstaubter Diapositive frei, in denen örtliche Kaufleute für ihre Produkte warben, gefolgt von kurzen Werbefilmen, von denen mir die mit dem HB-Männchen in nachhaltigster Erinnerung geblieben sind. Eine übernervöse Comic-Figur mit einer riesigen Nase betrat in der Regel gut gelaunt und pfeifend die Szene, um alsbald in immer abenteuerlichere Pannen verwickelt zu werden, bis schließlich alles zusammenbrach und das HB-Männchen zeternd gen Himmel zischte. „Halt, mein Freund, wer wird denn gleich in die Luft gehen!“, erklang dann eine mitfühlende und ungeheuer sympathische Männerstimme, die auch gleich einen Rat wusste: „Greife lieber zur HB!“ Die Werbung war so suggestiv, dass wir das auch gern auf der Stelle getan hätten, aber da wir noch nicht 16 waren, trösteten wir uns in der nun folgenden Pause, während der stufenlos das Licht wieder anging und der Vorhang sich schloss, mit Langnese Eiskonfekt. Dargeboten wurde es von einem Mädchen in taubengrauer Uniformjacke und weißem Faltenrock, das wie die Hotelpagen ein zylindrisches Hütchen mit Kinnband trug und in einem Bauchladen verschiedene Sorten Eis durch die Sitzreihen trug.

Warteschlangen vor dem „Lichtspieltheater" – ein Kinobesuch war damals das Größte!

So, nun war auch diese Pause vor Beginn des Films zu Ende und es folgte – noch immer nicht der Film, sondern der „Kulturfilm". Er dauerte ziemlich genau eine Viertelstunde und gab Dokumentarfilmern und ihren Arbeiten eine Chance. Wir erfuhren so in eindrucksvollen Bildern etwa, wie der Tabakanbau auf Kuba vor sich ging, wie die chinesische Mauer restauriert wurde oder welch harten Arbeitsalltag die Fischer von Malta hatten.

In anderen Kinos wurde statt des Kulturfilms ein Überblick über die Ereignisse der Woche präsentiert – meist war es „Fox tönende Wochenschau". Ein aufgeregter Sprecher schlug darin einen großen Bogen von der Tagespolitik über das Zeitgeschehen bis hin zum Fußball und schließlich einer Modenschau oder Ähnlichem für die weiblichen Zuschauer.

Dann begann mit einem dreifachen Gong endlich der Hauptfilm! Der übte auf uns eine hypnotische Wirkung aus, wie sie sich wohl kein Angehöriger der folgenden Generation mehr vorstellen kann. Wir naiven Nachkriegsgewächse ließen die Ereignisse auf der Leinwand ungefiltert in unsere Herzen. Wir schrien vor Lachen, schluchzten herzergreifend oder zitterten vor Angst – je nachdem, was sich hoch über uns gerade abspielte.

Kino-Highlights der 50er-Jahre

Zuerst waren es noch die Versuche der Filmindustrie, an die Erfolge der Nazizeit anzuknüpfen – mit Theo Lingen, Gustav Knuth oder Heinz Rühmann. Rührende Schnulzen im kleinbürgerlichen Milieu wie „Briefträger Müller“ (1953) oder „Wenn der Vater mit dem Sohne“ (1955) waren etwas fürs Gemüt und lenkten die Kinobesucher von ihren drückenden Alltagssorgen ab. Unvermittelt daneben bedeutungsschwere Dramen wie Helmut Käutners „Der Rest ist Schweigen“ (1959) oder aus dem selben Jahr „Die Brücke“ von Bernhard Wicky, die – wie schon direkt nach dem Krieg „Otto Normalverbraucher“ mit Gert Fröbe und „Die Mörder sind unter uns“ mit Hildegard Knef (Wolfgang Staudte 1946) – versuchten, die Schuld der Deutschen an Krieg und Judenvernichtung aufzuarbeiten.

Besonders gelungen damals Hugo Hartungs „Wir Wunderkinder“ (1958) in der Regie von Kurt Hoffmann, ein Parforce-Ritt durch die deutsche Geschichte des 20. Jahrhunderts bis zum Wirtschaftswunder, in Stummfilm-Manier begleitet von den Kabarettisten Wolfgang Müller und Wolfgang Neuss am Klavier. Hans-Jörg Felmy, Johanna von Koczian, Robert Graf und Elisabeth Flickenschild sowie nahezu die gesamte Schauspieler-Elite der 50er-Jahre breiteten in diesem Film ein satirisches Bild der Deutschen aus, über das man ebenso gut lachen wie weinen konnte, aber dann doch lieber lachte.
Da die filmische Vergangenheitsbewältigung im Adenauer-Deutschland auf wenig Gegenliebe stieß („Nestbeschmutzung!“), begann der deutsche Film bald zu verflachen und suchte sein Heil darin, die Vermächtnisse von Edgar Wallace (Unter vielen anderen „Die toten Augen von London“ 1961 und „Der Hexer“ 1964) und Karl May („Winnetou I“ 1963, „Winnetou II“ 1964, „Winnetou III“ 1965) ins Bild zu setzen. Klamauk-Spezialisten wie Eddie Arent und Klaus Kinski, aber auch Nachkriegsschönheiten wie Karin Dor tauchten in beiden Genres auf und machten die Sache damit etwas unübersichtlich. Vor allem die Wallace-Filme, anfangs noch handwerklich solide inszeniert, verkamen immer mehr zu obskuren Leinwand-Albereien, die auch filmisch Befremdliches boten. Die Karl-May-Verfilmungen setzten dagegen, dem Autor treu bleibend, auf Mannesehre, Mut und Treue, meisterlich verkörpert von den Blutsbrüdern Old Shatterhand (Lex Barker) und Winnetou (Pierre Brice).

Sex spielte in den prüden 60ern noch keine Rolle im deutschen Kino, wenn man einmal von „Das Schweigen“ (Ingmar Bergmann 1963) absieht, der damals als Skandalfilm tituliert wurde, obwohl die angebliche Pornografie hier nur aus Handlungen bestand, die man – zur Enttäuschung vieler Kinobesucher – gar nicht wirklich sah. Vorsichtshalber war der Film dennoch als „FSK ab 18“ eingestuft und blieb uns damals verschlossen. Die Gerüchte wucherten umso reichhaltiger ...

Alleine nach Berlin, das war schon eine große Reise

Drohende Panzer, flaue Mägen, wachsende Mauern

In den Schulferien fuhr ich jetzt regelmäßig zu einer alten Tante nach Berlin. Schon die Anreise war ein Abenteuer: Mit dem „Interzonenzug" Paris–Berlin–Warschau war man jedes Mal fast sieben Stunden unterwegs, denn an den Grenzkontrollpunkten Helmstedt-Marienborn und Berlin-Drewitz gab es immer endlose Wartezeiten. Volkspolizisten, Vopos genannt, kontrollierten ausgiebig Ausweise und Gepäck und mancher Reisende musste mit ihnen den Zug verlassen und in irgendeiner Baracke weitere Fragen über sich ergehen lassen.

Die Berliner verbreiteten in den 50er-Jahren eine Stimmung zwischen Trotz und Hoffnung. Sie bezeichneten sich in Anspielung auf ihre eingekesselte Lage selbst als „Insulaner". Humor brauchten die Berliner auch, denn die Politiker der DDR und der Besatzungsmacht in Moskau blieben beharrlich bei dem Plan, sich die drei Westsektoren, diesen kapitalistischen Pfahl im Fleisch des „Ostblocks" früher oder später einzuverleiben. Das einzige, was sie davon abhielt, einfach einzumarschieren, war die hohe Wahrscheinlichkeit, damit den dritten Weltkrieg auszulösen.

Westberlin, ohne nennenswerte eigene Wirtschaftskraft, hing am Tropf des Westens und hätte aus eigener Kraft nicht überleben können. Ihre Freunde und Verwandten im Osten der Stadt durften die Westberliner nicht mehr besuchen, Telefonverbindungen gab es nicht, und so blieb nur der – zensierte – Briefverkehr von Stadtteil zu Stadtteil und ab und zu eine sehnsüchtige Verabredung an der Stacheldrahtgrenze, die mitten durch Berlin führte: Die Menschen auf beiden Seiten nahmen dann einen Feldstecher mit und winkten sich aus ein oder zwei Kilometern Entfernung zu. Ströme von Tränen flossen bei diesen Gelegenheiten und es gab manche in der Tasche geballte Faust.

Westberlin – damals eine Mischung aus beeindruckenden Baudenkmälern wie dem völlig ausgebrannten und von Geschossen durchsiebten Reichstag, Trümmergrundstücken und dem mondänen Leben der 50er-Jahre rund um den Kurfürstendamm. Auch hier waren viele Häuser nur notdürftig bis zum ersten Stock wieder hergerichtet worden. In den Erdgeschossen breiteten sich elegante Cafés oder Modeläden aus, etwas weiter oben wuchsen Birken und Pappeln aus bemoosten Trümmern. Beeindruckend auch die endlosen Mietskasernen aus der Zeit der Jahrhundertwende, durch deren Torbögen man in immer dunklere Hinterhöfe gelangte, nicht selten tief gestaffelt fünf oder sechs an der Zahl. In diesen Wohngegenden abseits des Zentrums war es, als sei die Zeit stehen geblieben: Arme Leute gingen in schäbige Läden mit Aufschriften und Reklametafeln aus der Zeit vor dem Krieg, ein Leierkastenmann zog von Hinterhof zu Hinterhof und gelegentlich kam, von zwei mageren alten Pferden gezogen, ein Kohlenwagen vorbei.

Unterwegs auf dem Ku'damm in Westberlin …

Nach Ostberlin fuhr ich allein, denn die Tante durfte als Westberlinerin den sowjetischen Sektor nicht betreten. Für (Ost-)Pfennige aus meinem Zwangsumtausch kaufte ich hier klassische Literatur, für Pfennige aß ich am Alexanderplatz zu Mittag und den Rest des Tages verbrachte ich auf der Museumsinsel. Als die Tante dann einmal Besuch von ihrer bundesdeutschen Schwester hatte, lieh sie sich kurzerhand deren Ausweis und ging mit mir kaltblütig durchs Brandenburger Tor in den Osten. Mit einer quietschenden S-Bahn fuhren wir immer tiefer in den sowjetischen Sektor, um eine alte Freundin der Tante zu besuchen, die sie seit Kriegsende nicht

... und im sowjetischen Sektor

gesehen hatte. Auf dem Rückweg wurde es schon dunkel; wir gingen durch Straßen in allen Schattierungen von Grau. Fassaden bröckelten, hier und da rote Stofftransparente der SED, zugenagelte Schaufensterhöhlen, Passanten, die unter sich blickten. Süßlicher Braunkohlegeruch legte sich schwer auf meine Bronchien. Als wir über den Bahnhof Friedrichstraße wieder in den Westen fuhren, musste ich mehrmals tief durchatmen.

Bau der Berliner Mauer hautnah

Als ich 1961 wieder meine Sommerferien in Berlin verbrachte, erwischte ich gewissermaßen einen Zipfel vom „Mantel der Geschichte“: Als wir im SFB (Sender Freies Berlin) einen Nachrichtensprecher mit zitternder Stimme vom beginnenden Mauerbau berichten hörten, fuhren wir zur Bernauer Straße, um das Ereignis mit eigenen Augen zu sehen. Uns bot sich ein gespenstisches Bild: Das Straßenpflaster war aufgerissen und auf dem klaffenden Untergrund errichteten Bauarbeiter im Rekordtempo aus Fertigteilen eine Mauer. Bei jeweils einem Trupp von acht Bauarbeitern standen zwei Vopos (Volkspolizisten) mit dem Karabiner im Anschlag. Dennoch, so erfuhren wir später aus der Presse, gelang an diesem Tag mehreren Arbeitern, einmal sogar gemeinsam mit den Vopos, die sie bewachen sollten, der Sprung in die Freiheit.

Während wir dort standen und fassungslos schauten, fuhren von Osten Sowjetpanzer auf, darauf Soldaten mit unbewegten Gesichtern. Dann begann die Erde unter unseren Füßen zu zittern, ein dumpfes Grollen setzte ein und von Westen rollte eine Einheit der schweren amerikanischen Sherman-Panzer

Die menschlichen Kontakte zwischen West- und Ostberlin werden von der DDR-Führung am 13. August 1961 brutal gekappt – für annähernd drei Jahrzehnte

auf die Sektorengrenze zu – bis sie fast Geschützrohr an Geschützrohr mit den russischen Tanks Halt machten.

Wahrscheinlich begannen alle Zeugen des Geschehens in diesem Augenblick zu zittern. Manch einer mag auch gebetet haben. Der dritte Weltkrieg lag in der Luft. Wäre ein Schuss gefallen – das wäre wohl unser aller Ende gewesen! Doch Russen und Amerikaner schauten wort- und regungslos zu, wie die hässliche graue Fertigteilmauer wuchs und wuchs, auf ihren Zinnen schließlich noch mit Stacheldraht garniert wurde. Als die feindlichen Truppen einander nicht mehr sehen konnten, machten sie kehrt und rückten wieder in ihre Stützpunkte ein, während Vopos jenseits und Berliner Schupos (Schutzpolizisten) diesseits des hässlichen Bauwerkes Stellung bezogen.

Die Angst vor dem großen Knall

So wie die heutige Jugend in der Angst vor Klimawandel und ökologischer Katastrophe aufwächst, so lebten wir in der ständigen Angst vor dem „großen Knall". Suez-Krise, Korea-Krise, sowjetischer Einmarsch in Ungarn und der Tschechoslowakei, Berlin-Krise und Kuba-Krise ließen den Adrenalinspiegel der

Nachkriegsdeutschen immer wieder nach oben schnellen. Denn Deutschland war – schonungslos formuliert – der Puffer des Westens gegenüber dem militant auftretenden Ostblock, war potentielles Aufmarschgebiet eines dritten Weltkrieges und in dieser und auch ganz praktischer Hinsicht das Pulverfass Europas: In der Bundesrepublik ebenso wie in der DDR waren Tausende atomarer Gefechtsköpfe gelagert, viele davon „versandfertig" auf Raketen montiert. Ein einziger Funke hätte genügt und das ganze Land wäre in die Luft geflogen.

Dass das so war, wussten die meisten Deutschen in Ost und West damals noch nicht einmal. Was sie aber wussten: Amerikaner und Russen hatten in Erdsilos, in Flugzeugen und auf U-Booten so viele Atomraketen aufeinander gerichtet, dass deren Zerstörungskraft ausgereicht hätte, den Gegner fünffach zu vernichten („Fünffacher Overkill"). Dass man sich in langwierigen Abrüstungsverhandlungen darauf verständigte, das Waffenarsenal auf den vierfachen Overkill zurückzufahren, war so absurd, dass man schallend darüber hätte lachen können – wenn es denn nicht um unser aller Überleben gegangen wäre.

Die Atomangst in Deutschland produzierte die wunderlichsten Auswüchse: So schaltete ein „Bundesamt für den Zivilschutz" regelmäßig Zeitungsanzeigen und Fernsehspots, in denen die Bundesbürger zum korrekten Verhalten bei einem Atomangriff erzogen werden sollten: „Nicht in das gleißende Licht schauen, Deckung hinter Mauern oder Hecken suchen und wenn solche nicht in der Nähe sind, einfach die von jedermann stets mitgeführte Aktentasche schützend vor den Kopf halten!"

In kollektiver Verdrängung dachte damals niemand an den übernächsten Moment nach einem Atomangriff, sondern stets nur an den nächsten. So gab es erhebliche staatliche Zuschüsse für Bundesbürger, die beim Neubau ihres Eigenheims auch einen Atombunker für Vater, Mutter und zwei Kinder mit einplanten – mit Latrine, Wassertank und Sauerstoff-Handpumpe.

Als das „gleißende Licht am Himmel" gottlob immer länger auf sich warten ließ, wurden mehr und mehr Heimbunker in Partyräume oder Speisekammern umfunktioniert. Denn Grundnahrungsmittel für vier Wochen sollten hier nach amtlicher Anweisung ohnehin ständig gelagert werden.

Während der Kubakrise im Oktober 1962 wurden noch schlichtere Präventionsmaßnahmen empfohlen: Man sollte Sandsäcke, die in vielen Läden erhältlich waren, von innen vor die Kellerfenster legen und sich einen möglichst großen Vorrat an Wasser und Lebensmitteln anlegen. „Aktion Eichhörnchen" nannte sich das und willig stürzte sich ein ganzes Volk eichhörnchenartig auf die Lebensmittelläden, um binnen zwei bis drei Tagen sämtliche Mehl- und Zuckertüten, Konserven, Reis, Nudeln und getrocknete Hülsenfrüchte aufzukaufen.

Angstvoll, aber für alles, was da kommen sollte, gewappnet, saßen die Deutschen abends vor ihren Fernsehgeräten und erfuhren hier, dass amerikanische Aufklärungsflugzeuge militärische Anlagen auf Kuba fotografiert hatten, die wie sowjetische Raketenbasen aussahen. Präsident Kennedy reagierte auf die unmittelbare Bedrohung der USA mit der Verhängung einer Seeblockade gegen Kuba. Da sich sowjetische Schiffe (offenbar mit Atomraketen beladen) in der Anfahrt auf Kuba befanden, drohte eine militärische Konfrontation mit unabsehbaren Folgen. Doch der sowjetische Ministerpräsident Chruschtschow gab in letzter Minute nach. Gegen die Zusicherung, dass die USA keinen weiteren Invasionsversuch auf Kuba unternehmen würden, gab er den Befehl, die Raketenbasen auf Kuba unter UN-Kontrolle abzubauen. Die Welt atmete so vernehmlich auf, dass die unisono ausgestoßene Luft eigentlich für einen Wirbelsturm hätte ausreichen müssen.

Aber die gegenseitigen Drohungen gingen weiter und wir alle wussten: Wenn es zum bewaffneten Konflikt käme und ein Lager an den Rand der Niederlage geriete, würden unweigerlich Atomraketen fliegen. Konflikte, die sich in dieser Weise hätten zuspitzen können, gab es genug. Der Vietnamkrieg, an dem die Amerikaner direkt beteiligt waren und in dem die Sowjetunion den Vietcong durch Waffenlieferungen unterstützte, ist nur eines unter vielen Beispielen dafür. So litten wir jahrein jahraus an unterschwelliger Atomkriegsangst und ich kann mich daran erinnern, dass ich in jenen Jahren mehrfach nachts hochgeschreckt bin – in absoluter Stille – und auf den unmittelbar bevorstehenden finalen Knall gelauscht habe.

In deutschen Großstädten wird gegen den Vietnamkrieg demonstriert

Zwischen **Adenauer** und **Dutschke**

Reich beschenkte Pinguine

Im Konfirmandenunterricht, an dem damals noch alle Kinder aus protestantischen Elternhäusern teilnahmen, trafen sich Haupt- und Gymnasialschüler, die nach der vierten Klasse getrennt worden waren, wieder. Doch die Entfremdung überwog meist die Freude, denn die Gymnasiasten galten als hochnäsig und waren es in Folge des ihnen eingeflößten Elite-Gefühls häufig auch. Man fühlte sich eben schon ganz als künftiger Akademiker und hatte kaum noch gemeinsame Interessen mit den Mitkonfirmanden, die jetzt den Hauptschulabschluss machten und als Lehrlinge ins Berufsleben eintraten, während man selbst noch vier bis fünf Jahre Cicero und Differentialrechnung vor sich hatte. Ein völlig deplatzierter Dünkel, denn im Gegensatz zu den Gymnasiasten mussten die Hauptschulabsolventen bereits im „richtigen Leben" ihre Frau oder ihren Mann

Chronik

24. Oktober 1962
Die Kubakrise, ausgelöst durch die Stationierung sowjetischer Raketen auf Kuba, bedroht den Weltfrieden.

26. Oktober 1962
Die „Spiegel-Affäre“: Die Bundesanwaltschaft lässt auf Verlangen von Bundesverteidigungsminister Franz Joseph Strauß die Redaktionsräume des „Spiegel“ in Hamburg durchsuchen und den Herausgeber Augstein sowie mehrere seiner Redakteure wegen Landesverrats verhaften. Strauß stürzt jedoch über die Affäre und muss zurücktreten.

23. Juni 1963
US-Präsident John F. Kennedy besucht die Bundesrepublik. In einer Rede an die Berliner sagt er unter tosendem Beifall den berühmt gewordenen Satz „Alle freien Menschen sind Bürger dieser Stadt West-Berlin. Ich bin ein Berliner!“

16. Oktober 1963
Nach dem Rücktritt Adenauers wird der bisherige Wirtschaftsminister Ludwig Erhard zum Bundeskanzler gewählt.

22. November 1963
Präsident Kennedy wird in Dallas ermordet.

24. Januar 1964
Ingmar Bergmanns Film „Das Schweigen“ löst bei der Erstaufführung Skandale aus. Außer in Schweden und Deutschland wird der Film überall wegen seiner sexuellen Szenen zensiert.

9. September 1964
DDR-Rentner dürfen einmal im Jahr zu Verwandtenbesuchen in die Bundesrepublik reisen. Sie dürfen auch ganz dorthin übersiedeln.

9. September 1964
Die Wirtschaft boomt. 680 000 offenen Stellen stehen in der Bundesrepublik nur noch 102 800 Arbeitslose gegenüber.

18. März 1965
Der sowjetische Kosmonaut Alexei A. Leonow verlässt sein Raumschiff „Woschod II“ und schwebt als erster Mensch frei im All.

26. November 1966
CDU/CSU und SPD einigen sich auf eine große Koalition unter Bundeskanzler Kurt Georg Kiesinger (CDU). Der SPD-Vorsitzende Willy Brandt wird Vizekanzler und Außenminister.

stehen, arbeiteten hart und verdienten ihr erstes eigenes Geld.

Ein reines Ritual wie heute oft war der Konfirmandenunterricht damals nicht. Er dauerte zwei Jahre (das erste Jahr hieß Katechumenen-Unterricht) und war – zumindest bei uns – angefüllt mit Hausaufgaben, die wir, zumal sie zu den schulischen hinzukamen, mit sehr geringer Begeisterung erledigten.

So musste ich nicht nur den Wortlaut der zehn Gebote und des Lutherschen Katechismus dazu auswendig lernen, sondern u. a. auch die Namen sämtlicher alttestamentarischer Propheten in der in der Bibel nachzulesenden Reihenfolge. Noch heute spuken sie mir gelegentlich im Kopf herum wie ein Abzählvers: Obadja, Jona, Micha, Nahum, Habakuk, Zephania, Hagai …

Auch der Konfirmandenunterricht nahm eines Tages ein Ende und Mädchen und Jungen schwärmten in die Konfektionsgeschäfte der Stadt aus, um sich in eine Art Pinguine zu verwandeln: Ein schwarzes Kostüm, ein schwarzer Anzug musste es sein – eine teure Anschaffung, zumal die meisten später nie wieder dafür Verwendung hatten. Schließlich waren wir mitten im Wachstum, und selbst wer so eine trauerkloßige Bekleidung später noch einmal gebraucht hätte, wäre darin aus allen Nähten geplatzt.

Dann standen wir zum Fototermin vor der Kirche – eine Schar Pinguine mit dem Pfarrer in der Mitte – und versuchten ein heiliges Gesicht zu machen.

Am Sonntag darauf wurden wir konfirmiert – in den ersten Reihen der Kirche sitzend, dahinter die gesamte Gemeinde und die eigene Familie.

Der Zeremonie voraus ging eine letzte Wissensabfrage durch den Pfarrer, um auch der Gemeinde zu demonstrieren, wie bibelfest der Nachwuchs in den vergangenen zwei Jahren geworden war. Allerdings verließ sich unser geistlicher Hirte aus leidvoller Erfahrung nicht darauf. Deshalb hatte er ein ganz und gar perfides und durchaus unchristliches Komplott mit uns geschmiedet. Würde er etwa nach den Namen der Jünger Jesu fragen, dann sollten die, die es wüssten, sich mit der rechten, alle anderen dagegen mit der linken Hand melden. Genauso wurde es gemacht und natürlich kamen bei der Befragung nur Rechtshänder zu Wort. Die Gemeinde war beeindruckt.

Als wir dann unser erstes Abendmahl erhalten hatten, fühlten wir uns irgendwie – nicht erwachsener als vorher. Doch nun kam der Teil der Veranstaltung, derentwegen die meisten von uns die zweijährige Tortur zuvor überhaupt ertragen hatten: Die Konfirmationsfeier. Dazu verfügte sich die gesamte Festgesellschaft ins Haus des Konfirmanden und legte auf einem eigens errichteten

Neuer Anzug, Pomade im Haar und scheinheilige Mienen – Konfirmandenjahrgang 1962 mit Pfarrer vor der Bielefelder Jacobuskirche

Bei der Kommunion waren die Mädchen in Weiß gekleidet wie kleine Bräute und die Jungen in schwarze Anzüge mit Fliege

Gabentisch Bücher, Uhren, Manschettenknöpfe bzw. bei den Mädchen Goldschmuck und andere Dinge fürs Leben ab. Viele platzierten hier auch dezent einen Briefumschlag mit einem Geldschein und auch die Nachbarn warfen solche in den Briefkasten – und das war es, was uns Konfirmanden am meisten interessierte.

Als nämlich der letzte Gast gegangen war, wurden mit Hilfe der Geschwister alle Umschläge blitzschnell aufgerissen, die Banknoten sortiert und gezählt. Der Betrag, der dabei herauskam, oft schon über tausend Mark, wurde dann als Grundstock eines künftigen Vermögens auf das Bankkonto getragen, wobei es dem individuellen Verhandlungsgeschick überlassen blieb, Teilbeträge zum sofortigen Ausgeben, z. B. zum Kauf eines Fahrrads, aus diesem Schatz herauszulösen. Wir als Stadtkinder kannten es nicht anders, doch waren die Konfirmationsfeiern auf dem Lande damals schon wesentlich opulenter, was die Bewirtung anging, und das Spitzenpräsent war dort nicht selten – ein Moped!

Spiegel-Affäre

„Bedingt abwehrbereit" war die Titelgeschichte des SPIEGEL am 10. Oktober 1962 überschrieben. In dem Artikel über das NATO-Herbstmanöver Fallex 62 zählte das Bundesverteidigungsministerium (Chef: der CSU-Politiker Franz Josef Strauß) über 40 Informationen und Zitate, die einem „verstärkten Geheimschutz" unterlägen. Die Bundesanwaltschaft warf dem SPIEGEL-Herausgeber Rudolf Augstein daraufhin Landesverrat vor.

Das Vorgehen des Staates gegen ein Presseorgan rief im In- und Ausland Empörung hervor und wurde allgemein als Verletzung der Pressefreiheit betrachtet. Schnell kam der Verdacht auf, bei der ganzen Aktion handele es sich um einen Racheakt von Minister Strauß, der vonseiten des Nachrichtenmagazins schon mehrfach unter massivem Beschuss gestanden hatte.

Am 26. Oktober wurde der Militärexperte des SPIEGEL, Conrad Ahlers, in seinem spanischen Urlaubsort verhaftet, die Redaktionsräume in Hamburg und Bonn wurden von der Polizei besetzt und durchsucht. Am folgenden Wochenende wurden auch SPIEGEL-Herausgeber Rudolf Augstein und weitere leitende Redakteure verhaftet.

Franz Josef Strauß verstrickte sich im Laufe des Novembers immer mehr in Widersprüche. Als klar wurde, dass er sich mit der Verhaftung der SPIEGEL-Redakteure über den zuständigen Justizminister hinweggesetzt hatte, verließen die fünf FDP-Minister die Regierung und erklärten, Strauß sei für sie in keiner neuen Regierung mehr tragbar. Schließlich sahen auch die CDU/CSU und Bundeskanzler Adenauer, den Strauß mit in die Angelegenheit hineinziehen wollte, keine andere Möglichkeit mehr, als den 47-Jährigen nach sechsjähriger Amtszeit zum Rücktritt zu bewegen. Während Strauß nach München zurückkehrte, wurden die Redaktionsräume des SPIEGEL am 26. November 1962 von der Polizei wieder freigegeben; die Redakteure wurden aus der Haft entlassen.

Tango-Schluss und Twist again

Nach der Konfirmation, so wollte es die bürgerliche Tradition, waren wir reif für den Infight mit dem anderen Geschlecht – nein, noch nicht im Sinne Oswald Kolles, obwohl fast jeder solche Gedanken hegte, sondern in allen Ehren: in der Tanzstunde.

Mädchen, das war eine Spezies von einem anderen Stern. Nicht Mädchen an sich – die hatten ja seit vielen Jahren mit uns die Schulbank gedrückt – wohl aber die weiblichen Geschöpfe, mit denen wir es jetzt zu tun bekamen. Dabei waren es überwiegend dieselben. Aber wie hatten sie sich verändert!

Die „Tanzstunden-Damen" mit Dauerwelle und dem ersten schicken Kleid

Wippende Brüstchen, ein bisschen Hintern, Lippenstift und ein Kleid aus Taft – das war zu viel für uns. Wir bekamen weiche Knie und hätten gern das Weite gesucht. Wenn die unerbittliche Tanzlehrerin dann mit stählerner Stimme ausrief: „Die Herren engagieren!", womit vornehm ausgedrückt werden sollte, dass sich nun eine Schar total overdresster Jünglinge mit reichlich Pubertätspickeln auf die Phalanx erwartungsvoller Mädchen zubewegen und eines von ihnen zum Tanz bitten sollte, dann klopfte den meisten von uns das Herz und wir wussten im Voraus, was passieren würde: Die smarten Boys mit dem Handballer-Body würden wieder mal die süßen Girls abschleppen und für uns Fußvolk würden die lange Bohnenstange mit der Hornbrille oder das schwitzende Pummelchen mit der indiskutablen rosa Schleife im Haar übrig bleiben.

Die Tanzpaare gaben sich elegant und erwachsen

Der GAU trat unfehlbar ein und wurde nur noch durch die „Damenwahl" in den Schatten gestellt – wenn nämlich alle Mädchen auf die drei bestaussehenden Jungs zustürzten und unsereins mutterseelenallein auf dem Parkett verhungerte – mit gelangweilten Gesichtszügen und wundem Herzen.

Dennoch fand mit der strengen Hilfe des Tanzlehrerpaares stets jeder Topf ein Deckelchen, wenn es auch selten das erträumte war, und dann übten wir bis zum Abwinken Marschfox, Foxtrott, Samba, Boogie Woogie und sogar Polka, bei welcher ein fülliger Junge, der für die Tanzstunde seine Hosenträger abgelegt hatte, plötzlich in der Unterhose dastand und seitdem nie wieder gesehen wurde.

Auch den König aller Tänze, den Tango, erlernten wir hier („Schritt, Schritt, Tango Schluss") und er ist wohl selten so unerotisch praktiziert worden wie in diesem Kurs.

„Sause" mit Anzug und Nylonhemd – Jugendliche der 60er-Jahre in der Freizeit

Pubertierend zwischen Gestern und Morgen

Was durfte ein Heranwachsender, der 14, 15 Jahre alt war? Eigentlich nichts. Wir trugen brave Anzüge oder zumindest Hosen mit Bügelfalten, weiße Nylonhemden mit Nylonkrawatten und stylten unsere Haare mit Brisk, einer fettigen weißen Haarcreme aus der Tube. Wir wurden autoritär erzogen, fuhren Straßenbahn stets mit gültigem Fahrschein, standen auf, wenn ein älterer Fahrgast zustieg und lernten, Erwachsenen freiwillig die Hand zu geben, ihnen fest in die Augen zu blicken und zu sagen „Guten Tag, Herr ... oder Frau ...".

Rechtzeitig zum Abendessen mussten wir zu Hause sein und damit war der Tag dann auch gelaufen. Anschließend noch mal weggehen? „Ausnahmsweise bis zehn, aber Papa holt dich ab und du stehst um zehn gestiefelt und gespornt vor der Tür!"

Wo sollten wir andererseits abends hingehen? In Gaststätten oder gar Bars wurden wir nicht hineingelassen. Wir hätten auch gar kein Geld gehabt, um dort etwas zu verzehren. Die Kinofilme, die uns interessierten, waren mindestens „FSK ab 16" und Diskotheken gab es im Adenauerdeutschland damals noch nicht.

Der einzige Treffpunkt, der uns blieb, war die Eisdiele neben der Schule, aber nachdem wir drei Stunden mit einem „kleinen Gemischten ohne Sahne" oder einer Cola verbracht hatten und jeder einmal die Musikbox gefüttert hatte, warf uns der Italiener hinaus – da war es dann so gegen neun.

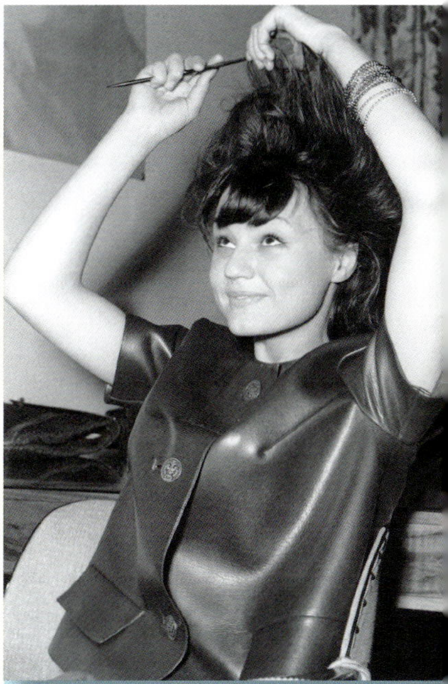

Hochfrisur à la Farah Diba Marke Eigenbau – die Haarmode der persischen Schah-Gattin ahmten damals viele junge Frauen nach

Clublokal in der Waschküche

In der achten Klasse beherbergten wir mit einer Mischung aus Stolz und Befremden die ersten vier Mädchen, die diese Schule je besucht hatten. Schließlich handelte es sich um eine über 400-jährige höhere „Knabenlehranstalt". In der Schullandschaft der Nachkriegszeit herrschte häufig nicht nur konfessionelle, sondern auch Geschlechtertrennung. Es gab zwar nur wenige „Unisex"-Grundschulen, dafür aber sehr viele reine Mädchenschulen im Realschul- und Gymnasialbereich. Nicht selten waren diese zusätzlich konfessionell ausgerichtet und achteten streng darauf, ihre weiblichen Zöglinge von den gleichaltrigen Knaben fernzuhalten.

Man konzentrierte sich hier noch ganz auf die Aufgabe, die Mädchen auf ihre vorbestimmte Rolle als Hausfrau und Mutter vorzubereiten. Neben dem erforderlichen Konversationswissen und eventuell der Vorbereitung auf ein späteres Hochschulstudium wurde hier in Kochkursen die Küchentauglichkeit der Schülerinnen und in Handarbeitskursen ihre Fertigkeit geschult, Wäsche zu

Vom braven Mädel zur Femme fatale: Groß werden ist nicht leicht, aber Wimperntusche hilft

flicken, Strümpfe zu stopfen und sich flotte Kleider zu schneidern. Apropos flott: Schülerinnen, die den Unterricht mit Lidschatten oder Lippenstift zu betreten wagten, wurden in den Waschraum geschickt, um sich das Gesicht zu waschen und in vielen Fällen mussten Mädchen den Heimweg antreten, die mit einer langen Hose bekleidet in die Schule kamen: Auch dieses galt als unschicklich, ganz zu schweigen von Dutzenden von Petticoats, die während des Unterrichts draußen an den Garderobenhaken ihr Dasein fristeten: Sie mussten vor Unterrichtsbeginn ausgezogen werden.

Überhaupt war es nicht einfach, in den 50er- und 60er-Jahren ein Mädchen zu sein: Prüde Moralvorschriften und ein völlig überholtes Rollenverständnis hinderten das weibliche Geschlecht in der Adenauerzeit an der Entfaltung. Die Antibabypille gab es zwar schon, sie durfte aber jungen Mädchen nicht verschrieben werden. Wenn sie dann schwanger wurden, wurden sie gesellschaftlich geächtet und mit ihrer schulischen und oft auch beruflichen Laufbahn war es vorbei, denn eine Abtreibung kam schon gar nicht infrage.

An unserer Schule war wohl die um sich greifende Pubertät dafür verantwortlich, dass ein großer Teil der Mitschüler sich damals in einem „Club der Weiberfeinde" zusammenfand. Was dieser Club, der sich nur über die Ablehnung von vier andersgeschlechtlichen Wesen definierte, bei seinen Zusammenkünften eigentlich tat, das blieb uns Andersdenkenden ewig verborgen. Viel später wurde mir klar, dass wir, die Minderheit, alle Schwestern hatten, während es sich bei den „Weiberfeinden" überwiegend um Einzelkinder handelte. Jedenfalls gründeten wir spontan einen „Club der Weiberfreunde" und fühlten dabei die gleiche Größe wie Ritter Ivanhoe, der gerade eine edle Jungfrau aus den Fängen der Räuber befreit hat.

Ein Kellerraum, den die Eltern eines der beteiligten Mädchen zur Verfügung stellten, wurde unser Clublokal. Die kahlen Wände verschwanden hinter Strohmatten, was dem Etablissement einen karibischen Touch gab, ein altes Küchenbuffet wurde mit Schwartenholzbrettern benagelt und gab eine vortreffliche Theke ab, zwei alte Sofas und mehrere durchgesessene Sessel dienten als Sitzgelegenheiten. Sogar ein alter Plattenspieler tauchte aus irgendeiner Quelle auf und bald hatten wir aus diversen Beständen eine stattliche Single-Sammlung (diese Singles waren keine Junggesellen, sondern kleine Schallplatten, die auf der Vorder- und Rückseite jeweils nur einen Musiktitel trugen) zusammengetragen. Meistgespielte Scheiben damals: „The Lion sleeps tonight", „Angel in the morning" und, wenn es ans Knutschen ging und das Licht gedämpft wurde, „Ragdoil".

Rote Glühbirnen verliehen dem Raum etwas Verruchtes, doch verrucht kamen wir uns erst vor, nachdem wir erstmals an einem Samstagabend die Spirituosen durchprobiert hatten, die die Clubmitglieder zu Hause hatten mitgehen lassen – denn schließlich konnte man an einer veritablen Bar doch nicht Bluna oder Sinalco ausschenken! Der ungewohnte Alkohol (Blue Curacao, Sherry Brandy und Vermouth Cinzano) in Kombination mit den Rauchschwaden ungezählter Zigaretten führte bei einigen von uns zu Kopfschmerzen und Übelkeit und damit zu der Erkenntnis, dass wir doch noch längst nicht so erwachsen waren, wie wir es gern gewesen wären!

Auch für die private Feier putzten wir uns heraus

Deutschland motorisiert sich – die Blechlawinen sind auf dem Vormarsch und mit ihnen die unentbehrlichen Betonpisten

Die neuen Revoluzzer

Wir lebten in einer äußerst konservativen Gesellschaft, die auf dem besten Wege war, mit den Riesengewinnen des Wirtschaftswunders die letzten Spuren der Kriegsniederlage zu beseitigen. Die Trümmergrundstücke verschwanden und in den Innenstädten wuchs eine geschlossene Phalanx glatter, nichtssagender Gebäude mit gedämpfter Farbgebung und merkwürdigem Dekor empor. So manches historische Gebäude, dessen Verlust heute wortreich beklagt wird, wurde ohne mit der Wimper zu zucken abgerissen, Symmetrie und klassische Formen waren ohnehin verpönt. Aufbauend auf dem Siegeszug des Paletten-

Wir 48er sollten die Gesellschaft noch umkrempeln

tisches und der Tütenlampen zehn Jahre vorher wurde nun mit allerlei „organischen“ Formen experimentiert, deren Krönung wohl die Berliner Kongresshalle darstellt – von den Berlinern „schwangere Auster“ genannt, in Wirklichkeit aber eher einem Damenhut ähnelnd, auf den jemand getreten hat.

Unterführungen wurden gegraben mit Rolltreppen, die die Menschenmassen, von den Straßen- oder U-Bahnen ausgespuckt, direkt in die neu geschaffenen Fußgängerzonen mit ihrem explodierenden Warenangebot brachten. Kreisverkehre, Ampelkreuzungen und breite Ausfallstraßen wurden gebaut, um die gewaltig angeschwollene Blechkarawane zu kanalisieren.

Hatte es nach Kriegsende in ganz Deutschland nur noch 192 000 Autos gegeben, so waren es 1953 schon wieder eine Million und 1961 acht Millionen! Ford Taunus, Opel Olympia, Borgward Isabella oder Mercedes waren die Autotypen des gehobenen Standards. Daneben lief 1955 mal eben der millionste Volkswagen vom Band und die „kleinen Leute“ fuhren drei- oder vierrädrige Liliput-Autos (bösartig als Leukoplastbomber oder Asphaltbeule verleumdet) wie die Isetta oder den Lloyd mit seiner Karosserie aus gepresstem Sperrholz, das mit lackiertem Kaliko-Gewebe überzogen war.

Wir, der 48er-Jahrgang, der diese Gesellschaft später gründlich umkrempeln und mit seiner statistischen Masse dominieren sollte, fielen dazwischen herum wie Falschgeld. Ordnung, Pünktlichkeit, Sauberkeit und Gehorsam? Das allein und alle paar Jahre eine neue Wohnzimmergarnitur konnten doch wohl keine tragenden Ziele für unsere Zukunft sein!

Der erste Fernsehapparat

Ein Fernsehapparat war für mich ein Objekt der höchsten Begehrlichkeit. In der Wohnung eines Onkels hatte ich schon mal einen aus der Nähe gesehen. Es war noch eines von diesen Geräten der ersten Stunde, die wie ein Radio mit Bullauge aussahen. Da ich das ganze Wochenende bei Onkel und Tante verbrachte, bekam ich am Samstagabend eine volle Breitseite Familienfernsehen ab.

Dumpf erinnere ich mich an Peter Frankenfeld, den schadenfrohen Quizmaster, an Conny Froboess und Peter Kraus – alles schwarz-weiß und in schlechter Tonqualität, doch für mich, der ich nicht mehr ansprechbar und wie in Trance auf dem Sofa kauerte, war es der Himmel auf Erden.

Nicht selten stand er unter dem Weihnachtsbaum: Der erste Fernsehapparat, der bald das gesamte Familienleben umkrempeln sollte

Auf dem Fernseher lag eine Häkeldecke und darauf stand eine Porzellaneule mit feurig roten Augen – ein Rauchverzehrer! Jeder Haushalt, der auf sich hielt, schaffte damals eine dieser scheußlichen Skulpturen an. Auf welche Weise die aber Rauch „verzehren" sollten, ist mir nie klar geworden. Wesentlich besser gefielen mir da schon die ebenfalls mit Vorliebe auf Fernsehern platzierten Lampen, deren doppelte Schirme gegeneinander rotierten und so auf dem äußeren Schirm scheinbare Bewegungen erzeugten: den Niagarafall beispielsweise oder einen fahrenden Zug mit dampfender Lokomotive.

Allmorgendlich standen unsere Klassenkameraden auf dem Pausenhof und erzählten sich gegenseitig in den glühendsten Farben, was sie am Vortag wieder im Fernsehen „geglotzt" hatten – so z. B. eine neue Folge der US-Konserven „Lassie", „Fury" oder „Am Fuß der blauen Berge", das Quiz mit Heinz Maegerlein, der seine Stirnglatze immer mit einer sorgsam nach vorn gekämmten Haarsträhne bedeckte oder die beliebte Sendung „Sport, Spiel, Spannung" mit dem tollkühnen Arnim Dahl, der vom vorbeifliegenden Hubschrauber aus auf Fabrikschornsteine sprang und dergleichen mehr.

Volles Programm: mit ARD und ZDF

Dass man über das gleiche Fernseherlebnis des Vortages redete, war garantiert, denn es gab damals nur die ARD. In Konkurrenz zu dieser „Arbeitsgemeinschaft der Rundfunkanstalten Deutschlands", also einem föderalen Medium, entstand 1962 das „Zweite Deutsche Fernsehen", später ZDF genannt, anfangs aber überwiegend als „Adenauer-Fernsehen" bezeichnet. Denn der „Alte aus Rhöndorf" hatte schon lange missbilligend auf das Meinungsmonopol der seiner

Ansicht nach linksliberalen ARD geschaut und wollte sich mit dem ZDF nun ein Staatsfernsehen schaffen, in dem Moderatoren wie Gerhard Löwenthal mit seinem „ZDF-Magazin“ für eine lupenrein konservative Sicht der Dinge sorgten.

Doch zurück zu den Pionierjahren des Fernsehens: Gewitzte „Glotzen“-Besitzer erschlossen sich damals eine zusätzliche Einkommensquelle, indem sie Küche oder gute Stube mit Stühlen vollstellten und diese stundenweise an sehnsüchtige Fernsehlose vermieteten – gegen bare Münze.

Wer keines der Traumgeräte sein Eigen nannte, solche Eintrittsgelder aber sparen wollte, dem blieb nur die Möglichkeit, in einem der vielen neu gebauten Dorfgemeinschaftshäuser oder in einer Gaststätte am gemeinschaftlichen Fernsehen teilzunehmen oder sich am Schaufenster eines Rundfunk-Fernseh-Geschäfts die Nase platt zu drücken.

Jahre, bevor meine Eltern einen Fernseher anschafften, taten dies Gott sei Dank meine Großeltern. Dem Großvater kam die Ehre zu, ihn erstmals einzuschalten. Erst sahen wir ein Testbild. Dann sahen wir gar nichts mehr. Schließlich erschien eine Schrifttafel, die wichtige Nachrichten aus den USA ankündigte. Der Großvater, der die wirklichen Zusammenhänge nicht verstanden hatte, wollte schon bei dem Rundfunkgeschäft anrufen und den Apparat reklamieren, als ein weinender Ansager ins Bild kam und die Nachricht verkündete, dass John F. Kennedy wahrscheinlich in Dallas, Texas, einem Attentat zum Opfer gefallen sei. Der Fernsehapparat der Großeltern war ausgerechnet mit dem dramatischsten Programm eingeweiht worden, das es seit Aufnahme des Sendebetriebes gegeben hatte. Bis in den späten Abend hinein überstürzten sich die Pseudonachrichten und Spekulationen. Nur Bilder vom Geschehen gab es nicht. Die mussten erst in einem Flugzeug den Atlantik überqueren und wurden dann tags darauf gesendet. Von Mobilmachung der US-Truppen war die Rede und wir glaubten schon wieder an den dritten Weltkrieg. Erst viel später stellte sich heraus, dass die Sowjetunion mit dem Attentat offenbar nichts zu tun hatte und die Gemüter beruhigten sich wieder einigermaßen.

SIEH FERN MIT HÖR ZU!
MO 1. APRIL
1. PROGRAMM
20.15 BERLIN-MELODIE
SIEH FERN MIT HÖR ZU!
MO 1. APRIL
ZWEITES DEUTSCHES FERNSEHEN

Lange Zeit Flaggschiff des Springer-Verlages: Die erste deutsche Programmzeitschrift „Hör zu“, mit zwei Fernsehprogrammen noch sehr übersichtlich

John F. Kennedy vor dem Rathaus Schöneberg in Berlin fünf Monate vor seiner Ermordung; hier prägte er den berühmten Satz „Ich bin ein Berliner“

Ermordung John F. Kennedys

Drei Gewehrkugeln eines Attentäters beendeten am 22. November 1963 jäh das Leben von John F. Kennedy, dem 35. Präsidenten der Vereinigten Staaten. Als die offene Präsidenten-Limousine das Zentrum von Dallas/Texas verließ, wo Kennedy auf einer Wahlkampfreise Station machte, passierte sie in der Elmstreet ein unauffälliges Gebäude, in dem sich ein Schulbuchlager befand. Aus dem Fenster des 5. Stocks wurden in diesem Moment drei Schüsse abgegeben. Der erste traf den Präsidenten in den Kopf, der zweite verletzte den mit im Wagen sitzenden Gouverneur John B. Conelly, der dritte traf wieder Kennedy und durchschlug seine Lunge. Der tödlich Getroffene sank auf dem Rücksitz in die Arme seiner Frau Jackie, während ein Geheimdienstmann in das Fahrzeug sprang und es in rasender Fahrt zum nächsten Krankenhaus dirigierte. Trotz intensiver Rettungsversuche konnten die Ärzte dort das Leben des Präsidenten jedoch nicht retten.

Bereits 99 Minuten nach dem Tod Kennedys leistete der 55-jährige Vizepräsident Lyndon B. Johnson an Bord der Präsidentenmaschine „Air Force One“ den Amtseid als 36. Präsident der Vereinigten Staaten.

Wohl über wenige Gewalttaten der Weltgeschichte hat es so viele Gerüchte, Verschwörungstheorien und widersprüchliche Ermittlungsergebnisse gegeben wie über die Ereignisse des 22. November 1963. Lee Harvey Oswald, ein Sonderling, der in dem Schulbuchlager an der Elmstreet eine Anstellung gefunden hatte, soll die tödlichen Schüsse abgegeben haben. Während seiner Militärzeit beim Marinecorps war er ein guter Schütze. Später versuchte er vergeblich in die Sowjetunion auszuwandern. Ob er aber die Schüsse als Einzeltäter oder im Rahmen eines Komplotts abgegeben hat, ja ob er sie überhaupt abgegeben hat, war nie vollständig zu klären. Lee Harvey Oswald konnte seinerseits wenig zur Aufklärung beitragen, denn bei seiner Überführung ins Distriktgefängnis wurde er schon zwei Tage später von dem Nachtclubbesitzer Jack Ruby aus nächster Nähe erschossen. Ruby wiederum wurde unter Mordanklage gestellt und zum Tode verurteilt.

Weihnachtsfeier
unter Lehrlingen

Lehrzeit: viel Arbeit bei kleinem Verdienst

Mitte der 60er-Jahre herrschte in Deutschland Vollbeschäftigung. Die Jungen und Mädchen, die nach der Volksschule oder der Mittleren Reife ins Berufsleben drängten, mussten sich um eine Lehrstelle keine Sorgen machen.

Hauptschüler, die schon mit 14 ins Arbeitsleben eintraten, erlernten meistens handwerkliche Berufe. Die Abgänger der Realschule bevorzugten gewerbliche Berufe oder strebten Beamtenlaufbahnen bei Post, Bahn oder Polizei an. Bei den Mädels stand eine Ausbildung als Arzthelferin oder Krankenschwester, als Verkäuferin, Stenotypistin oder Sekretärin hoch im Kurs. Viele machte auch eine Hauswirtschaftslehre. Die Ausbildungsvergütung (ca. 60 DM im Monat im ersten Lehrjahr) war sehr dürftig, das Geld

Die Abschlussprüfung
war geschafft

reichte gerade, um den Eltern Kostgeld zu bezahlen, ab und zu ins Kino zu gehen und langfristig auf ein Moped oder eine Vespa zu sparen. Deshalb erledigten viele neben der langen 45-Stunden-Woche noch Schwarzarbeiten im Bekanntenkreis.

Der Traum vom großen Geld ließ jedoch auch nach der Abschlussprüfung noch auf sich warten. Die jungen Männer mussten zunächst ihre Wehrpflicht absolvieren, den Frauen standen meistens Ehe und Mutterglück bevor.

Wir wurden erwachsen und nachdenklich …

Ein Hauch von Existentialismus

Allmählich kam Bewegung in die starre Gesinnungsfront der Adenauer-Ära. Wir interessierten uns jetzt für abweichende Meinungen und Theorien und ließen uns – sofern es der Hormonspiegel bereits zuließ – Bärte wachsen. Die weißen Nyltest-Hemden und schottisch karierten Nylonkrawatten wurden samt

Bügelfaltenhosen und schwarzen Schuhen ausgemustert. Die Mädchen verabschiedeten sich von knielangen Röcken und Blusen. An ihre Stelle traten für Mädchen und Jungen T-Shirts, übergroße verfilzte Wollpullover, auf alt getrimmte Jeans und Parkas.

Statt Lolita und Heino legten wir die Rolling Stones („Satisfaction"), Barry McGuire („Eve of Destruction") oder die Animals („House of the Rising Sun") auf den Zehnfachplattenwechsler unserer Eltern und feierten, wenn wir mal sturmfreie Bude hatten, Feten mit Rotwein und Gauloises.

Wir wurden erwachsen und vor allem skeptisch. Der rabenschwarze Pessimismus einer Françoise Sagan und eines Jean Paul Sartre durchdrang uns, wir gewöhnten uns das Lachen ab und gingen grübelnd durch die Stadt, eine Pfeife im Mund und eine Zeitung unter dem Arm.

Die Verabschiedung der Notstandsgesetze stand bevor, das Debakel der Amerikaner in Vietnam warf seine Schatten voraus und die sowjetische Sonde „Luna 9" landete weich auf dem Mond. Wir durchlebten unser zweites Kurzschuljahr und paukten für die Reifeprüfung. Nichts war mehr, wie es mal gewesen war und es sollte sich bald noch viel mehr verändern, von dem wir damals noch nicht mal eine Ahnung hatten: Die Auflösung des Warschauer Paktes, die deutsche Wiedervereinigung, die erste deutsche Kanzlerin, der erste farbige US-Präsident, der Siegeszug des Internet, die Handy-Manie ...

... und nahmen das Ruder nun selbst in die Hand!